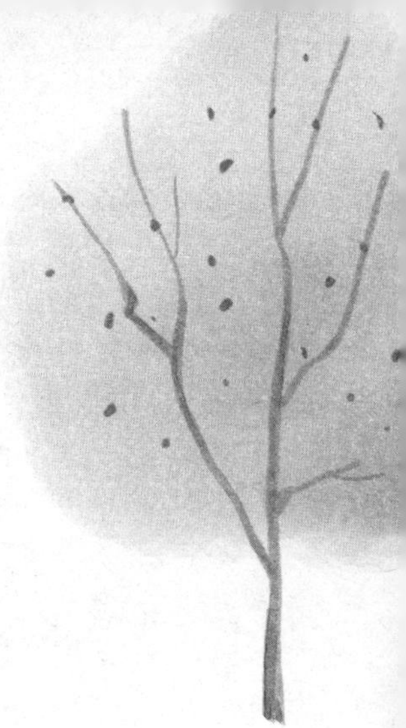

青少年益智丛书

趣说地理故事

吴文静 / 编著

时代出版传媒股份有限公司
安徽教育出版社

图书在版编目（CIP）数据

趣说地理故事 / 吴文静编著. —合肥：安徽教育出版社，2018(2019.3重印)
(青少年益智丛书)
ISBN 978-7-5336-8673-4

Ⅰ.①趣… Ⅱ.①吴… Ⅲ.①地理—青少年读物 Ⅳ.①K9—49

中国版本图书馆 CIP 数据核字（2018）第 100837 号

趣说地理故事
QUSHUO DILI GUSHI

出 版 人：郑　可
质量总监：姚　莉
策划编辑：杨多文
责任编辑：黄胜富
装帧设计：阮　娟
责任印制：王　琳

出版发行：时代出版传媒股份有限公司　安徽教育出版社
地　　址：合肥市经开区繁华大道西路 398 号　邮编：230601
网　　址：http://www.ahep.com.cn
营销电话：(0551)63683012，63683013
排　　版：安徽时代华印出版服务有限责任公司
印　　刷：三河市南阳印刷有限公司

开　　本：650×960　1/16
印　　张：9.75
字　　数：120 千字
版　　次：2019 年 3 月第 1 版 · 第 2 次印刷
定　　价：23.00 元

前 言

诸葛亮曾说，为将者，不通天文，不识地理，是庸才。自古以来，地理知识对人们来说都是非常重要的。地理和人类的日常生活密切相关，无论是观测天气状况还是外出旅行，都离不开地理知识。对青少年来说，具备一定的地理知识，了解各地的自然条件和地域文化差异，不仅能增长见识，开阔视野，对于学习和生活也大有裨益。

在古代，我们的祖先就开始研究地理。《易经·系辞》里面有“仰以观于天文，俯以察于地理”的文句。东汉思想家王充对天文、地理的解释是“天有日月星辰谓之文，地有山川陵谷谓之理”。在西方，公元前2世纪，古希腊学者埃拉托色尼就写出了西方第一本以“地理”命名的专著《地理学》。

地理是研究地球表面各种自然现象和人文现象，以及它们相互关系的学科。地理不仅仅是对宇宙星球、气候、河流山川、自然矿藏、人口宗教、城市经济、国界线，甚至地方特产与风土民情的研究，它还是文化传承和人类历史变迁的总和。

“通古斯大爆炸”是怎么回事？哈雷彗星多少年出现一次？天气预报是怎么来的？我国的南北方分界线在哪儿？喜马拉雅山是从海中升起来的吗？世界上最冷的地方是哪里？沙漠中为什么会出现“海市蜃

楼”？山上的桃花为何比山下面的开得晚？北纬 30 度为什么被称为“地球的脐带”？谁是世界上第一个到达好望角的人……

这些有关地理的有趣的问题都可以在本书中找到答案。本书涉及宇宙与地球、气候与环境、陆地与海洋等方面的地理知识，内容丰富、通俗易懂，文字深入浅出、生动有趣。本书的特色是以讲故事的形式来介绍地理知识，可以启发青少年读者积极思考。同时，本书配了大量与文字内容相契合的精美插图，让严谨的地理知识变得亲切生动起来。

目 录

第一章 神秘的大宇宙

002 打败敌人的“铜镜”
006 盘古开天辟地
009 夸父追不上太阳
013 海岛人“天河”航行
017 太阳被“吞”掉了
021 通古斯神秘大爆炸

第二章 探秘美丽的地球

026 地图中的“拼贴画”
029 神秘的北纬 30 度
033 大海淹不死俘虏
036 丛林“女儿国”
039 “死亡之海”罗布泊
042 好望角“杀人浪”

045 丹顶鹤的故乡
048 九曲黄河万里沙

第三章 阴晴雨雪话气象

052 克里木战争和天气预报
056 海边小屋谋杀案
059 舞厅里飘落的雪花
062 曹操筑“冰城”
065 商汤“坐台”求雨

第四章 有趣的世界之最

070 格陵兰岛的杀人犯
073 尼罗河“落泪夜”
076 滚烫的撒哈拉沙漠
079 大海中崛起的珠穆朗玛峰
082 地球上最大的“伤痕”
085 青藏高原的前世今生

第五章 瑰丽的地理奇观

090 沙漠中的“仙境”
093 诡异的“赤壁丹霞”
096 阿诗玛的传说
100 冰川上的红玫瑰

第六章　可怕的自然灾害

104　南美洲的杀鱼“圣婴”
107　地震前的“鸡犬不宁”
110　被卷到天上的小屋
113　袭击蒙古军的“神风”
116　消失的庞贝
119　“人骨湖”的冰雹

第七章　生活中的地理知识

124　地球仪上的“网”
127　晏子巧戏楚王
131　南多北少的中国人口
134　五颜六色话人种
137　人民币上的名山大川
141　沈括上山看桃花

后　记

第一章　神秘的大宇宙

在汉语中，“宇”代表上下四方，包括上、中、下、东、南、西、北等一切的空间，是无边无际的；“宙”代表一切的时间，包括过去、现在和未来，是无始无终的。在天文学中，一般认为浩瀚的宇宙起源于远古时期的一次大爆炸，大爆炸产生的物质后来逐渐形成宇宙中巨大的星系。如今的宇宙，就是由行星、恒星和星团、银河系及河外星系、星系团，以及大尺度结构组成的。目前人们通过对河外星系的研究，已把视野扩展到大约 200 亿光年的宇宙深处。

打败敌人的“铜镜”

在遥远的古希腊时代，爱琴海上有个纳克索斯岛，岛上居住着一群纯朴而又勤劳的人。他们在一位聪明的酋长的带领下，过着十分平静而又富足的生活。白天，青壮年男人外出捕鱼，妇女、老人、小孩则留在家里晒鱼或者织补渔网。

传说有一年夏天，天气非常炎热。这一天，青壮年男人们带着干粮又出海捕鱼去了，留下了妇女、老人和小孩在家里。中午，几个小孩在海边玩耍，突然发现远处的海面上有许多小黑点在移动，他们以为是出海的人们回来了，就跑回家告诉了家里的大人。于是，大家都来到海边，等着迎接出海归来的男人们，连酋长也亲自来迎接他们。

这时，正是中午太阳最毒辣的时候，人们站在太阳底下，看着小黑点越来越大，当他们能看清楚的时候，人群立刻一片惊慌。他们发现这些船根本不是出海的渔船，而是比渔船要大得多的帆船，船上坐满了穿着盔甲的士兵，手里都拿着大刀和长矛，看来他们不怀好意。原来，这是马其顿王国的军队，他们远征时走错了航线，与大部队失去了联系，在海上漂流了一天一夜，现在又累又饿，突然发现了这个岛，便决定来岛上掠夺。

眼看着大难就要来临，大家惊慌失措，目光都转向了酋长。只见酋长紧盯着这些越驶越近的帆船，皱着眉，一言不发。过了一会儿，酋长突然眼前一亮，想出了一个主意。他立刻吩咐女人们赶快回家，把家里梳妆铜镜都拿来。很快，女人们都把家里的镜子拿来了，酋长吩咐她们拿着镜子站好，让镜子反射强烈的阳光，全都对准最近的

那艘大船。很快，那艘大船就冒起了白烟，接着燃起了大火。其他船上的士兵眼看这艘船突然着火，不知岛上的人用了什么武器，只见岛上白花花的一片，刺得人睁不开眼睛，吓得他们赶紧掉转船头逃跑了。

这位聪明的酋长巧妙地利用太阳能，通过铜镜把太阳光聚焦，形成高温的热源，让敌人的船燃烧起来。太阳能就是太阳的辐射能量。在太阳内部进行着一种核反应，这种反应能释放出巨大的能量，并不断向宇宙空间辐射，这种能量就是太阳能。

太阳能是一种廉价而无污染的可再生能源，用途十分广泛。人类很早就发现太阳能可以利用。在我国战国时期，人们利用钢制的四面镜聚焦太阳光来点火，其原理和故事中用铜镜聚焦太阳光烧毁敌人的船是一样的。到了现代，太阳能的利用更加广泛，比如太阳能热水器、太阳灶、太阳能电池等，许多太阳能产品已进入寻常百姓家。20 世纪 80 年代，在美国佐治亚州，建成了一座当时世界上最大的太阳能热水澡堂。原来，驻扎在这里的美国陆军工程兵部队要解决 6000 多名官兵的洗澡问题，但他们觉得使用石油作为燃料太浪费，于是，他们采用大量的太阳能吸热板，在驻地修建了一个巨大的太阳能热水池，这样 6000 多名官兵的洗澡问题就解决了。

太阳能还可以用来给房屋采暖。早在远古时期，我们的祖先就懂得要把房屋的大门朝南建造；修建村落的时候也是坐北朝南。这是因为中国位于北半球亚欧大陆东部，大部分陆地位于北回归线以北，一年四季的阳光大多是由南方射入的，因此朝南的房子能更好地采集阳光。

太阳能是一种安全、干净、廉价、无污染的绿色能源，被誉为伸手可得的温暖资源，甚至有人认为太阳能是人类最理想的一种能源。在传统化石燃料日趋枯竭的今天，太阳能越来越受到人们的重视，正在各个领域被开发利用。目前，人类直接利用太阳能还处于初级阶段，但在世界未来能源结构转换中，太阳能将越来越处于突出位置。也许到 21 世纪末，太阳能将取代核能，为全世界提供充足的电力。

地理小讲堂

太阳向宇宙空间发射的辐射能量，其中有 20 亿分之一能够到达地球大气层。这些到达地球大气层的太阳能，30%被大气层反射，23%被大气层吸收，其余的到达地球表面。据科学家推算，地球表面每秒钟接收的太阳能的总量，相当于燃烧 550 万吨煤所产生的能量，只不过太阳能在地球表面分布很分散，人们觉察不到而已。

地球表面温度的高低，主要取决于太阳的高度角。早晨，由于太阳光是斜射的，因此，同束阳光照射到地球表面的面积大，这样单位面积得到的太阳辐射就少；同时，因为斜射阳光通过大气层的厚度大，大气对太阳辐射的反射比较多，因此，早晨地面热量亏损到极大值，早晨就显得凉爽。到了中午，太阳光接近直射，热量比较集中；同时，阳光通过大气层的厚度较小，太阳辐射被反射少，地面接收的热量就比较多。因此，人们会感觉到中午比早晨热得多。

盘古开天辟地

相传在远古时期，天地只是一团黑乎乎的大混沌，后来，在这团混沌之中，慢慢地孕育了一个叫盘古的人。

盘古在这团混沌里面呼呼大睡，一直睡了 18000 年。有一天，他突然醒来，睁开眼睛一看，发现周围黑乎乎一片，什么也看不见。盘古就抓起一把大斧，朝着眼前黑暗的地方猛砍过去，只听得山崩地裂似的一声巨响，那团包裹着他的混沌被劈开了。其中一些轻飘飘的东西，慢慢往上升，就变成了青天；另外一些比较重的东西，就往下沉降变成了大地。自从盘古劈开天地之后，天每天升高一丈，地每天加厚一丈。这样又过了 18000 年，天升得极高，就成了高高的蓝天；地变得极厚，就成了人类生活的地球。

盘古开天辟地只是一个美丽的神话传说。事实上，地球是太阳系八大行星之一，按离太阳由近及远的次序排列是第三颗，位于水星和金星的后面。在八大行星中，如果按大小排列，地球排在第四位。地球大约形成于4亿年前。由于太阳系母星云含有足够的重元素或金属元素，在靠近太阳的区域，形成了以岩石物质或重物质为主的类地行星。地球就是在类地行星区中的适当位置上形成的。

一般认为，地球形成之初，从原始星云中俘获了一定数量的气体，主要是氢和氦。那时候的地球内部没有明显的圈层结构。由于地球内部具有引力收缩带来的热能，加上各种放射性元素发出的热量在内部集聚等因素，新生的地球经历了一个增温的过程，地球逐渐达到熔融或近于熔融的状态。在这种状态下，物质容易因重力发生分异。较轻的、以硅酸盐类为主的岩石物质往上“浮”，较重的铁、镍及其伴生元素则“沉”向地内深处。分异的结果是形成地核、地幔和地壳等圈层构造。

35亿多年前，地球上出现了原始生命。从那以后，地球的生物圈改变了大气层和其他环境，使得需要氧气的生物得以诞生，也使得臭氧层形成。臭氧层和地球的磁场一起，阻挡了来自宇宙的大量有害射线，保护了地球上的生物，使得地球成为包括人类在内的上百万种生物的家园。

太阳辐射是地球表面最主要的能量来源，如果没有太阳辐射，地球上也就不可能有生命存在，也不会有河流、湖泊、山川、平原，更不会有风、雪、雨、霜等天气现象，地球将会变成一个毫无生机的、沉寂的冰球。

地球的质量不大也不小，因而引力适中，形成了适宜生命生存的大气圈与水圈，为生命的诞生准备了条件。地球距离太阳不近也不远，因而地球表面接收的太阳辐射比较适中，使地表的平均温度高于水的冰点、低于水的沸点，大部分水以液态形式存在，为生命的孕育创造了条件。科学研究表明，如果地球离太阳再近5%，地表温度就会过高，就会影响生物的遗传，而且地表不会有液态水存在；如果地球离太阳再远1%，地表温度就会过低，水就会彻底冻结，生命也就难以形成。

地球是人类繁衍生息的家园，地球环境和人类息息相关。然而，随着人类的发展，全球环境状况在不断恶化。人类如果不采取实际行动保护地球，那么毁灭的将是人类自己。

地理小讲堂

我们中国人常说一个词：天高地厚。

天到底有多高？俗话说的“天高”，通常是指大气层的高度。过去人们认为大气层厚约 800 千米。后来，在距地面 1000～2000 千米高处，科学家探测到仍有空气存在。近年来，根据人造地球卫星和宇宙火箭的考察结果，科学家又发现在 2000～3000 千米的高空，也有气体分子存在。

地有多厚呢？科学家认为，地球内部可以分成地壳、地幔、地核等不同性质的同心圈层。地壳的大陆部分厚度平均 33 千米。地壳与上地幔顶部组成岩石圈，岩石圈的平均厚度为 60～120 千米。在岩石圈以下，到离地面 2900 千米间，叫中间层。中间层以下到地球中心的部分，就是厚度为 3400 多千米的地核。目前，人类对地球的钻探，不过 8～10 千米，还远没有突破地壳。

夸父追不上太阳

远古时代，在我国北方，有一座巍峨雄伟的山，山上住着一个巨人族叫夸父族。夸父族的首领叫夸父，他身材高大，力大无穷。那时候，人们生活在原始社会，毒蛇猛兽横行，夸父经常率领他的部众跟毒蛇猛兽搏斗，每次捉到凶恶的黄蛇，夸父就把它们挂在自己的两只耳朵上作为装饰，并引以为荣。

北方天气寒冷，冬季漫长。每天太阳从东方升起，山头的积雪还没有融化，又匆匆从西边落下去了。夸父心想，要是能把太阳追回来，让它永远高悬在天空，不断地照耀大地，那该多好啊！于是，夸父决定去追赶太阳，把太阳追回来。

这天早上，太阳刚刚升起，夸父就迈开大步开始追赶太阳。太阳在空中跑，夸父在地上追。他一直追到隅谷，也就是太阳落山的地方，眼看着离太阳越来越近了，他想立刻伸出一双巨臂，把太阳捉住带回去。可是他已经奔跑一天了，口渴难忍，而且离太阳越近，太阳光就越强烈，夸父就更感到焦渴。于是，他只好向有水的北方跑去，结果跑着跑着，就在中途渴死了。

夸父真的能追赶上太阳吗？这当然是不可能的，因为他违背了地球的自转规律。地球就像是一只陀螺，时时刻刻都在绕着自转轴不停地旋转，每转一圈就是一天。由于地球自转，才产生了昼夜交替的现象，地球朝着太阳的一面是白天，背着太阳的一面是夜晚。当我们中国这里是白天的时候，处在地球另一侧的美国正好是夜晚。

地球自转的方向是自西向东的，因此人们在地球上总是看到太阳从东方升起，从西边落下。夸父看到的太阳西行，实际上就是地球自转的结果。因此，即使夸父跑得再快，再力大无比，也永远无法追赶上太阳。

16 世纪时，“太阳中心说”的创始人哥白尼提出了地球自转的理论。可是，当时的人们都不相信。直到 19 世纪，这一理论才被法国的一位名叫傅科的物理学家用他自己设计的一项实验所证实。

傅科是用一种特殊的装置来进行实验的，这个装置样子非常奇怪，它是由一根长 60 余米的纤细金属丝悬挂一个 27 千克重、直径约 30 厘米的铁球所组成的。由于这个装置下面的铁球在金属丝的底部来回摆动，人们就把这种装置称为“傅科摆”。

1851 年的一天，傅科站在法国巴黎先贤祠的圆顶上，将他亲手制作的摆锤吊起来，让摆锤自由地摆动，摆锤的下方是巨大的沙盘。这时，成千上万的人前来观看这个奇妙的实验。每当摆锤经过沙盘上方的时候，摆锤上的指针就会在沙盘上面留下运动的轨迹。按照日常生活的经验，这个摆锤应该在沙盘上面画出唯一一条轨迹。可是随着时间一分一秒地过去，人们惊奇地发现，摆锤每经过一个周期的震荡，在沙盘上画出的轨迹都会偏离原来的轨迹，两个轨迹之间相差大约 3 毫米。“原来地球真的是在转动啊！”人们不禁发出了这样的感慨。

傅科摆的实验作为地球自转的有力证据，现已为世界所公认。我国北京天文馆的大厅里就有一个傅科摆，一个金属球在一根系在圆穹顶上的长长细线下来回摆动着，下面是一个刻着度数的大圆盘，人们可以由此读取摆动平面旋转的度数。

另外，地球在自转的同时，又在绕太阳公转。地球公转的方向也是自西向东，地球公转一周所需的时间是一年。日地平均距离是 1.5 亿千米，也就是说，地球在一年内绕着太阳转了一个约 9.4 亿千米长的大圆圈。依此推算，地球在太阳系中运行时，每天要走 257 万千米，平均 1 秒钟约走 30 千米！地球公转的路线是近似正圆的椭圆轨道，在地球绕太阳公转的一年中，有时地球北半球倾向太阳，有时南半球倾向太阳。总之，太阳的直射点总是在南、北回归线之间移动，于是，地球上就产生了昼夜长短的变化和四季的交替。

地理小讲堂

证明地球自转的方法有很多，除了著名的傅科摆之外，常见的还有以下几种：

1. 深井测量法：如果仔细观察，就会发现，从深井的井口中心下落的物体，总是在落到一定的深度时撞在井的东壁上，由此可以证实地球的自转运动。

2. 牙签测量法：先用脸盆盛满清水，放在水平且不易振动的地方，等水静止后，轻轻放下一根木质细牙签，并在牙签的一端做个记号，记住牙签的位置。过几个小时后去看时，就会发现牙签已经转动了一定角度，看起来好像是牙签在转动，其实它并没有转动，而是地球在转动。

3. 炮弹测量法：由于地球时刻都在不停地自转，地面上水平运动的物体必然相对地发生持续右偏（北半球）或左偏（南半球）。根据这种现象，如果分析射出的炮弹运动的方向，就能证明地球在自转。

海岛人“天河”航行

每当天气晴朗的夜晚，夜空中就会出现一条南北方向的乳白色星河。它横跨天际，浩浩荡荡，犹如一条波澜壮阔的大河。相传很久以前，人们认为这条天河与大海相通，当时有个住在海岛上的人，对这条天河很好奇，他想乘木船到大海尽头探个究竟。于是，他准备好干粮，登上一只木船，乘风破浪向大海深处航行。

这个人在大海中航行了一个多月。这一天，他在海上远远看到一座城。他把小木船向那座城划过去，越划越近，他看到城里亭台楼阁，金碧辉煌。在一间阁楼里还传来机梭的声音。他抬头望去，原来阁楼上有个女子在织布，转身又见一个男子牵着一头牛在河边饮水。海岛人向牵牛人问道：“这是什么地方？”牵牛人回答：“这是天上，这条河是天河。”

这个神话传说中的天河，就是天文学上所说的银河系。在茫茫无际的宇宙中，有亿万个数不清的大大小小的天体，这些天体按照一定的系统和规律相互吸引和相互绕转，从而形成不同层次的天体系统。比如，月球的质量比地球小得多，由于地球对月球具有吸引力，从而引起月球围绕地球公转，在宇宙中形成了一个很小的天体系统——地月系。而地球和其他行星又被恒星太阳吸引，围绕太阳公转，它们和太阳又构成高一级的天体系统——太阳系。太阳系又是更高一级天体系统——银河系中极微小的一部分，银河系是由数不清的恒星、星云和星际物质组成的一个庞大的天体系统。银河系以外，还有数不清的同银河系规模相当的数量庞大的天体系统，称为河外星系。银河系和河外星系共同组成总星系，它是现在人们所认识的最高一级的天体系统。

银河系的主体称为银盘，整个银盘的直径约为 10 万光年。从侧面看，银河系像一个中心略鼓的大圆盘，鼓起处是恒星密集区，所以看上去白茫茫一片。俯视的时候，银河系呈旋涡状，它的核心周围是一个巨大的中央核球，并有缠绕着它的旋臂，这些旋臂均匀沉陷在银盘中。太阳位于一条叫作猎户臂的旋臂上，距离银河系中心约 2.64 万光年，以 220～250 千米/秒的速度绕银河系中心运转，太阳绕银河系中心旋转一周约需要 2.5 亿年。

太阳的体积比地球大 100 万倍，质量是地球的 30 万倍。如果把地球放在太阳的表面，只不过是一个小黑点而已。但是，相对于银河系来说，太阳也不过是银河系里一颗极普通的星体，银河系里有 20 亿颗太阳类似的星体，比太阳质量大几十倍、光度强 100 万倍的星体数不胜数。

银河系浩瀚无垠，地球距离银河系中心大约是 3 万光年。也就是说，如果人类想到银河系的中心去，用光的速度来旅行，也要走 3 万多年！但是在整个宇宙里，银河系也只不过是沙漠中的一粒沙而已，因为类似银河系的星系有 30 亿个之多。可见宇宙之大，无边无际！

从地面上望去，银河系在天空中的投影像一条流淌在天上的闪闪发光的河流，所以被人们亲切地称为银河或天河。只要天气晴朗，一年四季在夜空中都可以看到银河。对于生活在北半球的人们来说，银河是夏季星空的重要标志。夏季的银河由天蝎座东侧向北伸展，横贯天空，是空中最壮观的景象。

科学家观测认为，仙女座星系正以每秒 300 千米的速度朝银河系运动，也许在 30 亿～40 亿年后可能会撞上银河系。那时候，这两个星系可能会合并成椭圆星系，银河系也许会以新的美丽的姿态呈现在夜空中。

地理小讲堂

世界各地都有许多关于银河系的神话故事。在希腊，人们认为银河是赫拉在发现宙斯骗她去喂食年幼的赫尔克里斯时溅洒在天空中的奶汁。

在中国古代，人们把银河称为天河，天河的两边隔着牛郎和织女。由于王母娘娘从中作梗，牛郎和织女只好通过银河上的鹊桥相会。

在芬兰，银河被称为鸟的小径，因为芬兰人认为，候鸟在向南方迁徙时，是靠银河来指引方向的，他们还认为银河才是鸟真正的居所。

科学家已经证实了这项观测是正确的，候鸟确实是依靠银河来引导才找到温暖的南方陆地的。

古代的亚美尼亚神话中，把银河系称为“麦秆贼之路”。据说有一位神在偷窃麦秆之后，企图用一辆木制的运货车逃离天堂，但在路途中掉落了一些麦秆。在瑞典，银河系被认为是冬天之路，因为在斯堪的纳维亚地区，冬天的银河是一年中最容易被看见的。

太阳被“吞”掉了

公元前6世纪，在爱琴海东岸，居住着米底斯和吕底亚两个部落。这两个部落本来和睦相处，相安无事。可是有一年，他们因为争夺财物发生了一场战争。战争打得很激烈，给两个部落的百姓带来了深重的苦难。

古希腊天文学家泰勒斯非常痛恨这场战争，他决定想办法制止它。他公开对人们宣布说：“上天对这场战争十分厌恶，将吞食太阳向大家示警。如若双方再不肯停止战争，到时将大难临头。”

双方部落的头领都认为泰勒斯在胡说八道，根本不理会他。公元前585年5月28日这一天，正当交战双方打得激烈的时候，奇怪的事情发生了：只见天空中一个黑影突然闯入圆圆的日面，把太阳一点一点地“往肚里吞”。大地上的太阳光慢慢减弱，天色也渐渐变暗了。人们开始害怕起来，惊恐地盯着那个黑影，看着它一点点地把太阳“吞没”。等到太阳完全看不见时，天地间一片黑暗，天上的星星也出来了。

正在交战的两个部落都吓坏了，他们这才相信泰勒斯的话，赶忙停止了战争。过了一会儿，那个可怕的黑影又开始慢慢将太阳一点一点“吐了出来”，等到黑影完全消失时，明亮的阳光又撒满大地。他们更相信泰勒斯所说的话，这是上天不满他们的战争，向他们发出的警告。于是，双方部落一致同意握手言和，从而结束了这场无谓的战争。

其实，泰勒斯是利用一次难得的日全食来消除战祸的。泰勒斯熟悉天文知识，他预先推算出公元前 585 年 5 月 28 日，当地将发生日全食。于是，就假借“上天”的惩罚来巧妙地制止了这场战争。

日食是一种自然现象。在宇宙中，月球绕着地球转，地球绕着太阳转。月球和地球不发光，当月球运行到太阳与地球中间时，三者处在一条直线上，太阳光就被月球遮住了。从地球上看去，太阳上有一个黑乎乎的圆影，这就是日食。发生日食现象的时候，在地球上月影里的人们能看到阳光逐渐减弱，太阳面被圆的黑影慢慢遮住，天色越来越暗。当太阳面被黑影全部遮住时，天空中甚至可以看到星星。几分钟后，从月球黑影边缘逐渐露出阳光，然后太阳面慢慢复圆。由于月球比地球小，因此只有在月影中的人们才能看到日食。

早在汉朝时期，中国就有对日食的记载。人们曾经在汉朝的墓中挖出一些石头，这些石头上刻画了很多日月星辰的图案，其中一个图案是《日月合璧》，这就是太阳与月亮叠在一起的现象，也就是当时的日食记录。古时候，民间对这种奇异的天文现象感到恐慌，人们用敲锣打鼓的方式来“赶走”天上的黑影。由于日全食的持续时间通常很短，一般只有几分钟，因此在人们敲敲打打后，太阳也就重新出现了。古代中国人对日食的科学解释为阴侵阳，因为在中国，“阴”代表着月亮，“阳”就是太阳。“阴”遮蔽了“阳”，也就出现了日食现象。

日食有日偏食、日环食和日全食三种。日偏食是太阳圆面被月球遮住一部分，而其余部分仍然很光亮的现象；日环食是太阳圆面的中心部分被月球遮住，而太阳圆面边缘还露出，看上去就像光环似的亮圈的现象；日全食是整个太阳圆面完全被月球遮住的现象。无论是日偏食、日全食或日环食，持续时间都不长，日环食持续的最长时间是 12 分 24 秒。法国的一位天文学家为了延长观测日全食的时间，他乘坐超音速飞机追赶月亮的影子，使观测时间延长到了 74 分钟。

在地球上能够看到日食的地区也很有限，这是因为月球比较小，它的本影也比较小，因而本影在地球上扫过的范围不广，时间不长。

日食一般发生在农历的初一。发生日食的时候，人们由于好奇，总会不自觉地去抬头观看。日食时太阳光虽比平时弱很多，但如果直视，对眼睛还是有伤害的，可能会损伤眼角膜。所以，发生日食时，在没有防护措施的情况下，千万不要用眼睛直视太阳。

地理小讲堂

当地球运行到太阳和月亮之间，三者形成一条直线时，月球进入地球背面的阴影里，太阳射向月球的光被地球遮住，这样人们在地球上就看不到月亮的全部或一部分，这就是月食。月食只可能发生在农历十五前后。

月食可以分为月偏食、月全食和半影月食三种。

地球在背着太阳的方向会出现一条阴影，称为地影。地影是地球本身投射在大气层上的影子，这个影子偶尔可以从地球上看见，会在天空靠近地平面的部分造成一段黑暗的区间。地影分为本影和半影两部分。本影是指没有受到太阳光直射的地方，半影则指受到部分太阳直射的区域。当月球整个都进入本影，就会发生月全食；但如果只是一部分进入本影，则只会发生月偏食。月全食和月偏食都是本影月食。有时月球并不会进入本影而只进入半影，就称为半影月食。

通古斯神秘大爆炸

1908年6月30日早晨，俄罗斯西伯利亚森林的通古斯河畔，突然爆发出惊天动地的一声巨响。紧接着，巨大的蘑菇云腾空而起，天空出现了强烈的白光，气温骤然上升，灼热烤人。爆炸中心区的大片树木植物被烧焦，就连70千米外的人也被严重灼伤，还有人被巨大的声响震聋了耳朵；远在英国伦敦的许多电灯骤然熄灭，陷入黑暗；欧洲许多国家的人们也在夜空中看到了强烈的闪光；甚至远在大洋彼岸的美国，人们也感觉到大地在抖动……剧烈的爆炸声使附近的居民惊恐万状，不知道究竟发生了什么，这次大爆炸就是历史上有名的通古斯大爆炸。

据研究人员测定，这次大爆炸释放出的能量相当于1000万～1500万吨TNT炸药爆炸产生的能量，是30多年后广岛原子弹爆炸产生的能量的近千倍。大爆炸使得一片面积为2000平方千米的原始森林被冲击波击倒，至少30万棵树呈辐射状死亡；大爆炸还使得有些地方的冻土融化变成了沼泽地，还有一些地区的土壤被磁化。通古斯大爆炸若干年之后，科学家到那里考察，先后发现了三个与月球火山口相似、直径为 90～200 米的爆炸坑；而 1908～1909 年当地的树木年轮中出现放射性异常，当地的某些动物也出现了遗传变异现象，很像是遭受了核辐射的污染。

那么，究竟是什么东西引起如此巨大的爆炸呢？这个问题深深吸引着天文学、地球学、气象学、地震学和化学等各个领域的科学家，他们进行了大量调查和研究，最终也没有定论。

关于通古斯大爆炸的起因，直到现在，也只是一些假说与猜测。总体说来，关于通古斯大爆炸有以下几种热门假说，但都没有得到普遍的认可。

陨石撞击说。苏联科学家、第一位亲临通古斯现场考察的莱奥尼德·库利克认为，1908 年通古斯大爆炸是由于一颗流星落到了地面。后来，虽然美国科学家也在实验室里用计算机模拟出了陨石高速撞地引发的大爆炸效果，其情景和当年通古斯大爆炸时的情景非常相像，但令人遗憾的是，从来没人在实地考察时发现任何陨石的残骸。

黑洞撞击说。1973 年，美国得克萨斯大学的两位科学家——杰克逊和莱伊安，根据黑洞天体的理论，通古斯大爆炸是由微型黑洞天体的强大引力造成的，它从通古斯进入地球，然后从大西洋穿出。但是，通古斯爆炸并没有出现“黑洞”运动应该造成的后果。因此，黑洞撞击说也不能成立。

彗星撞击说。苏联科学院院士彼得洛夫认为，引起通古斯大爆炸的，是一个来自太阳系遥远地方的由稀松的雪团组成的彗星。当它以每小时 4 万千米的速度冲破地球表面的大气层时，由于摩擦产生了过热的气体。这种气体一接触地面，就产生了相当于数颗原子弹爆炸产生的破坏力。由于彗星很快便蒸发完了，所以地球上没有留下任何残骸。

核爆炸说。第二次世界大战以后，苏联物理学家卡萨耶夫访问日本广岛。那时候的广岛已是一片废墟，因为四个月前美国在那里投下了原子弹。看着广岛的废墟，卡萨耶夫突然发现，通古斯大爆炸和此处有很多相似之处：都是爆炸中心受到巨大破坏，树木却直立而没有倒下；爆炸中人畜死亡，是核辐射烧伤造成的；爆炸产生的蘑菇云形状也相同，只是通古斯的要大得多。因此，卡萨耶夫认为，通古斯大爆炸是由于一艘外星人驾驶的核动力宇宙飞船在降落过程中发生故障而引起的一场核爆炸。

反物质撞击说。1965年，三位美国科学家提出，通古斯大爆炸可能是从太空降到地球来的一种反物质———反陨石造成的。

通古斯大爆炸的起因一直存在争议，不管是多么完美和离奇的设想，最终都没能经得起进一步的推敲和具体细节的考证。此后，又出现了一些似乎更为合理的解释，如闪电球爆炸、陨石爆炸、不寻常的地震、火山喷发等。然而，尽管科学家们对其已进行过多次考察研究，但通古斯大爆炸的起因仍然是个谜。

地理小讲堂

通古斯大爆炸虽然至今没有找到真相，却敲响了人类防御天外来客小行星撞击地球的警钟。小行星大多由石块、金属和尘埃构成，大小不一，质量不同，但是都对地球存在着威胁。小行星由于质量较小，因此常受到大行星引力的作用，远离原来的轨道。

科学家认为，直径大于1千米的小行星撞击地球的概率为每10万年1次，但仅此一次就可能毁灭地球。尽管小行星撞击地球的概率微乎其微，但由于其危害性大，因此已经引起了科学家们的高度重视，科学家们开始着手建立一个预防近地天体撞击地球的监测网。

第二章 探秘美丽的地球

地球是太阳系中的一颗行星，地球有大气层和磁场，地球表面的71%被水覆盖，其余部分是陆地。地球是一个神秘而美丽的蓝色星球，是包括人类在内的上百万种生物的家园。地球上有许许多多神秘而可怕的区域，比如恐怖的百慕大三角、野人出没的神农架、恶浪滔天的好望角等，这些区域都曾经让人望而生畏。地球也是目前人类所知的，宇宙中唯一存在生命的天体。到目前为止，地球上还存在着许多人类未知的秘密，正等待着人们进一步的探索和发现。

地图中的“拼贴画”

1910 年，德国气象科学家阿尔弗雷德·魏格纳生病住院。有一天，他无聊地躺在病床上，无意间把目光落到墙上的一幅世界地图上。魏格纳盯着这幅地图看了一会，只见地图上各大洲大洋的轮廓清晰分明。突然，他脑子里灵光一闪：如果把非洲的西海岸和南美洲的东海岸对接一下拼在一起，简直就像拼贴画一样吻合！魏格纳立刻坐起来，对这个神奇的现象产生了强烈的兴趣。

魏格纳脑海中很快就闪现出一个大胆的想法，即大西洋东、西两侧的大陆原来是连在一起的，然后分裂成两部分并开始背向移动，直到现在的样子。

为了证实自己的想法，魏格纳开始了大范围的研究工作。从世界各地的动植物到古生物化石，及古代冰川的遗迹等，都在他的研究范围之内。经过数年的辛苦努力，魏格纳的研究终于结出了硕果。他认为，不仅是非洲和南美洲，现在隔海相望、分散开来的所有大陆，早在2亿～3亿年前的古生代，都是连在一起的。

例如，在南大西洋两岸，发现了同样的或十分相似的蛇化石，这就证明在很久以前，南美洲和非洲之间很可能存在一条陆路通道，因为很显然，蛇无法渡过浩瀚的大西洋。而且大西洋两岸的地质现象也非常接近，这也证明了这两块大陆曾经是连在一起的。

此外，在北大西洋两岸的两块大陆上，有一条古山系，叫加里东山脉。如今，在大西洋东岸的挪威看到的是山系的西段，这条山系通过爱尔兰以后似乎被淹没在大西洋下。可是在加拿大的纽芬兰，则有一个古山系仿佛从大西洋里爬上来，它和欧洲的加里东山脉有许多相同之处，这个在北美出现的山系被称为老阿巴拉契亚山脉。魏格纳认为，北美的阿巴拉契亚山脉曾一度和欧洲的加里东山脉相连。如果把大陆拼合在一起，它们就形成了一条连接在一起的山系。

1912年，魏格纳正式提出了大陆漂移说。大陆漂移说认为，大约在3亿年前，如今地球上的南北美洲大陆、非洲大陆、欧亚大陆、南极大陆等，统统是连在一起的一块“超级大陆”，后来这块“超级大陆”分裂为若干块大陆，经过两亿多年的漂移，形成了现在的海洋和陆地。

魏格纳提出的大陆漂移说，震惊了全世界。那么，巨大沉重的大陆是如何漂移的？又是什么力量驱动大陆漂移的？面对人们的疑问，魏格纳又提出自己的观点，他认为硅铝质的大陆漂浮在地球的硅镁层上，即固体在固体上漂浮移动。又因为地球由西向东自转，南、北美洲相对非洲大陆是后退的，而印度和澳大利亚则向东漂移了。

由于当时人们知识的局限，魏格纳的大陆漂移说得不到物理学上的支持，所以大陆漂移说一度遭人怀疑。直到魏格纳去世以后20年，人们才渐渐开始接受大陆漂移说。经科学家测试证明，非洲和南美洲两个大陆的外形在海面以下 2 千米等深线处几乎完全可以拟合。同样，复原拟合工作证明，各大陆可以通过复原形成一个超级大陆，即魏格纳所命名的“泛大陆”。

也就是说，远古时代，地球只有一块“泛大陆”，或称为“盘古大陆”的庞大陆地，这块陆地被称为“泛大洋”的水域包围。假设地球内部是玄武岩质，地表则是花岗岩质，而大陆就像冰山浮在海面一样，浮在熔融状的玄武岩上。大约两亿年前，“泛大陆”开始破裂，进而漂移，到两三百万年以前，七大洲和四大洋的地貌基本形成。

虽然魏格纳的大陆漂移说一度遭人怀疑，但是，这一学说为后来的板块学说奠定了基础。

地理小讲堂

阿尔弗雷德·魏格纳(1880—1930)，德国气象学家、地球物理学家。魏格纳从小就喜欢幻想和冒险，童年时就喜爱读探险家的故事，英国著名探险家约翰·富兰克林是他的偶像。他少年时的理想就是做一名探险家，为了给将来探险做准备，他攻读了气象学。1905 年，25 岁的魏格纳获得了气象学博士学位。1906 年，他终于实现了少年时代的远大理想，加入了著名的丹麦探险队，来到了格陵兰岛，从事气象和冰川的调查工作。

1930 年，魏格纳第三次深入格陵兰岛考察气象时，不幸遇难，长眠于冰天雪地之中，他的遗体在第二年夏天才被发现。阿尔弗雷德·魏格纳被后人称为“大陆漂移说之父”。

神秘的北纬30度

在地球上，有一处异常神秘的地带，就是著名的北纬30度。美国的密西西比河、埃及的尼罗河、伊拉克的幼发拉底河、中国的长江等，均在北纬30度附近入海。地球上最高的珠穆朗玛峰和最深的西太平洋马里亚纳海沟，也在北纬30度附近。

除了这些大自然的鬼斧神工，许多带有神秘色彩的文明遗迹，也大量集中在北纬30度附近。比如古代埃及的金字塔、古代巴比伦的“空中花园”、中美洲的玛雅文明遗址、传说中的“大西洲”沉没处，还有北非撒哈拉沙漠中达西里的“火神火种”壁画……

北纬30度线贯穿四大文明古国，是一条神秘而又奇特的纬线。从人类文化的角度来看，佛教、基督教、伊斯兰教、犹太教以及印度教这几大宗教的发祥地，也都位于北纬30度附近。甚至，有人总结说，在北纬30度上生长的姑娘，也是世界上最美的姑娘。

此外，令人胆战心惊的是，北纬30度附近历来是飞机、轮船的事故

多发区。除了著名的“百慕大三角区”，还有日本本州西部海域、夏威夷到美国大陆之间的海域、地中海海域及葡萄牙海岸、阿富汗一共五个地理异常区域，都集中在北纬 30 度附近，而且几乎呈等距离分布。

中国的许多著名风景区及许多难解的考古之谜，如天柱山、神农架、三星堆、河姆渡等都在北纬 30 度附近。为什么这许许多多的难解之谜都在北纬 30 度附近？

北纬 30 度线，确实是人为划分出来的，但是这么多神秘莫测的现象，为什么都集中在这条线附近呢？难道只是巧合，还是造物主的有意安排，抑或是有一种人类暂不可知的某种力量在主宰？

地理学家认为，从自然条件看，北纬 30 度处于亚热带和温带的过渡地带，降水相对比较丰沛，植物相对比较茂盛，温度也比较适宜，因此比较适合人类生存。尤其是在人类社会早期，生产力水平比较低，人类只好选择自然的供给生存，获得发展。在这种情况下，早期文明就容易在这个地带发展起来。这也就是为什么北纬 30 度附近有那么多奇特的自然景观和历史遗迹了。

然而，也有地质学家认为，地球在旋转的过程中，如果它的速率有变化的话，那么它的整体就会发生一些变形。速率变大的时候地球两极稍稍压扁，赤道附近稍稍膨胀；反过来，就是两极稍稍伸展，赤道一带压扁。速率的交替变化，会造成地球一定纬度上的一些地质作用，出现奇特的景观也就不足为奇了。

对于神秘的北纬 30 度，科学家们通过研究，还得出了以下几种有趣的假说：

板块交接说。地球是由六大板块和若干小板块构成的，其中五大板块的交接地带、缝合交接线都在北纬 30 度附近。板块在地质历史时期漂移的过程中，有的俯冲，有的被抬升，因此才造成众多令人难以理解的奇异的地质现象。

史前超文明说。生物考古学家认为，在漫长的历史中，地球生物经历了五次大灭绝，最后一次大灭绝发生在大约 6500 万年之前。有人据此推断，20 亿年前，地球上存在过高级文明生物，但不幸毁灭于一场核大战或巨大的自然灾变，而目前地球上人类无法理解的奇观，就是史前文明的遗迹。

陨石撞击说。地球在其 46 亿年的生命历程中，曾经先后捕获了 4 颗卫星，即 4 个月亮。前 3 颗由于在运行中离地球太近，最后都坠落了。在坠落过程中，摧毁了地球上的生物，形成了太平洋、印度洋和大西洋。其中两颗硕大的月球都是在北纬 30 度附近坠毁的，因此才导致了北纬 30 度上的奇异现象。

关于北纬 30 度的假说有很多，也很离奇。时至今日，北纬 30 度依然像个蒙着面纱的魔怪一样，让人们感到困惑不解。

地理小讲堂

北纬 30 度附近出现的“怪事”也很多，比较著名的有：

长江断流：公元 1342 年，江苏省泰兴县内，千万年从未断流的长江水一夜之间忽然枯竭见底。次日，沿岸居民纷纷下江拾取遗物，突然江潮骤然而至，淹死了很多人。

鄱阳湖“魔鬼三角”：1945 年 4 月 16 日，2000 吨级的日本运输船“神户丸”号装满了从中国各地掠夺而来的金银财宝，从鄱阳湖畔起锚，准备出长江回日本，当行驶到江西鄱阳湖西北老爷庙水域时，突然无声无息地沉入湖底，船上 200 多人全部遇难。

马耳他岛上的轨迹：地中海中部岛国马耳他，有一条奇特的轨迹，凹槽深度达 72 厘米，一直延伸到地中海中深达 42 米的地方。

动植物一边倒：在美国加利福尼亚州圣塔柯斯小镇的郊外，有一片茂密的树林，所有的大树都向同一个方向大幅度倾斜。人进入此处，也无法垂直站立，身子竟会不由自主地与树木向同一个方向倾斜，却不会跌倒。

大海淹不死俘虏

公元 70 年，罗马军统帅狄杜带领军队包围了巴勒斯坦的耶路撒冷城，经过紧张激烈的战斗，罗马军取得了胜利，抓获了大批俘虏。

狄杜打算把这批俘虏全部处死，可是怎么处死他们，让狄杜大伤脑筋。后来，他终于想出了一个绝妙又利落的办法——把俘虏押送到东部的死海，把他们扔到海里淹死！狄杜认为，整个死海没有生物，连鸟儿也不往那里飞，洪水把约旦河中的鱼冲进死海后，很快就会全部死亡，也许死海里的水有毒。把这些俘虏扔进死海，即使淹不死，也会被毒死，这样他们就不可能逃出来。

于是，狄杜命令士兵把俘虏们带到死海边，一个一个地扔进海里。但是，令狄杜感到意外的是，俘虏们被扔进海里之后，不但没有沉入海底，反而平静地漂浮在海面上，也没有中毒的迹象，没多久又被波涛送回到海岸边。狄杜非常生气，命令士兵再次将俘虏扔进海里，可是，俘虏们仍然漂浮在海面上。狄杜有点害怕了，他想：海里连一个活的生物都没有，这些俘虏居然能在海面上漂浮，没有被淹死，一定是有神灵在保佑他们。于是，狄杜赶紧让人把这些俘虏全都释放了。

俘虏们漂浮在海面上淹不死，并不是像狄杜想的那样有神灵保佑，而是因为死海的海水含盐量太高。死海是个死水湖，含盐度高达25%，相当于一个大盐库。据称，死海盐的蕴藏量可供全世界人口食用约2000年。因此水中的鱼和其他水生物都难以生存，岸边也没有花草生长，所以叫作“死海”。死海由于含盐量高，湖水的密度比人体的密度要大，因而人在死海中才不会下沉，而是漂浮在海面上。正是这特殊的地理环境，救了俘虏们的性命。

死海是全世界陆地表面最低的地方，有“世界肚脐”之称。死海的源头主要是约旦河，约旦河水含有很多的矿物质。死海的高盐度，就是约旦河水流入之后，湖水不断蒸发，矿物质大量下沉造成的。死海一带气温很高，夏季平均温度可达34℃，最高达51℃，冬季也有14℃～17℃。气温越高，蒸发量就越大。此外，这里干燥少雨，大多数的时候都是烈日炎炎的天气。雨水少，湖中补充的水量就少，于是死海变得越来越“稠”，沉淀在湖底的矿物质越来越多，盐度越来越高。这样长年累月，死海便成了世界上最咸的湖泊。

虽然大部分生物都无法在死海生存，但是，由于死海的海水富含矿物质，这些矿物质对人体具有一定的安抚、镇痛的效果，因此，死海也成为世界上著名的疗养胜地，每年都吸引数十万游客来此休假疗养。

死海海底的黑泥由于含有丰富矿物质，对健身美容有特殊功效，因此成为以色列和约旦两国宝贵的出口产品。以色列还在死海边开设了很多美容疗养院，接待来自世界各地的顾客。

应该注意的是，死海的海水比普通的海水咸很多倍，所以死海海水溅入眼睛是很难受的一件事。因此，到死海游泳可千万不能扑通一声跳下去，而是应该缓缓地下海，而且最好带上一瓶淡水放在岸边，以便海水进入眼睛时用来冲洗。进入死海后，如果身体上有伤口，哪怕是微小到你平时根本察觉不到的细小伤口，也马上就有灼热感，那感觉如同"伤口上撒盐"，不过经过死海盐浴后，伤口好得快。

在漫长的岁月中，死海不断地蒸发浓缩，湖水越来越少，盐度也就越来越高。近年来，因为约旦和以色列两国向约旦河取水供灌溉及生活用途，死海水位变得越来越低，甚至面临着水源枯竭的危险。长此下去，不久的将来，神奇的死海也许将不复存在。

地理小讲堂

在中国，也有两处"死海"，一处位于四川省遂宁市大英县，另一处位于山西省运城市。

四川省大英县的"死海"，是一个形成于1.5亿年前的地下古盐湖，由于含盐量高达22%，人在湖水中可以漂浮，不会下沉，所以被誉为"中国死海"。此湖水中富含的硒、锌、钙、碘等多种微量元素和矿物质，对风湿关节炎、皮肤病、肥胖症等，有很好的治疗效果。

运城"死海"位于山西省西南部运城以南中条山北麓，是世界第三大硫酸钠型内陆湖泊，俗称运城盐湖。运城盐湖自古以产盐著称，人们同样可以在运城盐湖上漂浮。运城盐湖湖底的黑泥也有疗养作用。所不同的是，死海黑泥的成分以氯化物为主，运城盐湖黑泥的成分以硫酸盐为主。

丛林“女儿国”

在《西游记》中，有个作者虚构的女儿国。但是在南美洲的丛林里，有个真实存在的“女儿国”，即女性部落。在这个部落中，没有任何男子。该部落的女子们生活独立，个个都是英勇善战的战士，她们经常和别的部落战斗，同时也寻求“爱情”。

该部落的女孩们长大之后，到了适合婚配的年龄时，她们会事先侦察好哪个部落有强健的男子汉，然后再偷袭那个部落，并把男子汉掠回他们的部落，当一段时间的夫妻，然后再把他们放回自己的部落，她们不允许男人长时间待在她们的部落。那些部落的男人，也根本不怕当她们的俘虏，在同她们的战斗中，那些男人甚至总是“失败”，然后被她们抓走。

该部落中，如果妇女生下男孩，她们就把他们扔到野外，或者杀死；生下女孩，就把她们留下来，抚养长大，并将她们培养成勇敢的猎手，成为部落的继承人。

这个神秘的女性部落就隐藏在地球上最大的热带雨林——亚马孙热带雨林内。亚马孙雨林位于南美洲亚马孙平原，其面积比欧洲还要大，占世界雨林面积的一半。亚马孙雨林的主体部分在巴西境内，雨林深处密不透风，潮湿闷热，光线暗淡，虫蛇出没，满地是湿滑的苔藓。人们进入其中，很难行走，而且也充满危险。亚马孙热带雨林内有很多神秘的原始部落，他们常年生活在雨林深处，不与外界接触，过着自由自在的原始生活。对这种原始部落，巴西的政策是不和他们进行接触，但是也采取措施保护他们。据统计，亚马孙地区共生活着 60 多个几乎与世隔绝的部落。

亚马孙雨林内莽莽苍苍，原始森林中蕴藏着世界上丰富多样的生物资源，昆虫、植物、鸟类及其他生物种类多达数百万种，有“世界动植物王国”之称。鸟类和鱼类的数量多得惊人，种类复杂得连生物学家都无法识别。亚马孙雨林绝大部分地区至今人迹罕至，因而被蒙上了一层神秘的面纱。

亚马孙雨林对地球上一切生物都很重要。由于地球上二氧化碳的大量存在，地球气候逐渐变暖，甚至引起极地冰盖融化，洪水泛滥。而森林能够产生大量氧气，吸收大量二氧化碳。亚马孙热带雨林面积广阔，能吞噬大量的二氧化碳，同时又制造大量的氧气，由此亚马孙热带雨林被誉为“地球之肺”。

亚马孙热带雨林给人类带来了巨大的生机，人类却没有因此厚待它。从 16 世纪起，人类就开始破坏这个物种丰富的“绿色宝库”，不断砍伐、焚烧雨林。1970 年，巴西政府为了解决东北部的人口贫困问题，又做出了一个令人悲痛的决定：开发亚马孙地区。这一政策使该地区大量原始森林遭到破坏。由于当地居民经常毫无节制地砍伐，以及肆意在森林中开辟牧场及农田，亚马孙雨林遭到极大破坏，余下的部分依然面临危机。如果将来亚马孙的森林被砍伐殆尽，将会给人类带来很大的灾难，因为那时候地球上维持人类生存的氧气将减少三分之一。

热带雨林是包括人类在内的所有地球生物生存活动所不可缺少的重要条件，如果热带雨林消失，地球的气候环境将产生重大变化，对于地球和人类来说，那将是一场毁灭性的灾难。不仅是巴西，地球上每个人都应该为保护亚马孙热带雨林做出努力，因为亚马孙热带雨林不仅属于巴西，也属于全地球，属于全人类。

地理小讲堂

19 世纪，德国植物学家辛伯尔把潮湿热带地区常绿高大的森林植被称作热带雨林。热带雨林指的是在热带潮湿地区分布的一种由高大常绿树种组成的森林类型。它的特点是闷热潮湿、结构层次不明显、动植物资源丰富。热带雨林主要分布于赤道南北纬 5～10 度以内的热带气候区，这里全年高温多雨，无明显的季节差别。

热带雨林地区长年气候炎热，雨水充足，生物群落演替速度极快，是地球上过半数动物、植物物种的栖息地。由于超过四分之一的现代药物是从热带雨林植物中提炼的，因此热带雨林也被称为“世界上最大的药房”。

“死亡之海”罗布泊

在很久以前，有个蒙古族青年叫罗布诺尔。他是一位部落首领的儿子，但是他不愿继承部落酋长的位子，他要穿过沙漠，去传说中的龟兹学习歌舞。当他走到塔里木盆地东部边缘时，由于饥渴劳累昏倒在地上。罗布诺尔在地上昏睡了三天后，醒来发现他身旁坐着一对青年男女。男青年说他叫若羌，姑娘说她叫米兰，他们是风婆婆收养的同胞兄妹，因忍受不了风婆婆的残暴虐待，兄妹俩才离家出走，不料在此与昏迷的罗布诺尔相遇。

米兰天真可爱，美丽善良，她和罗布诺尔一见钟情，于是，两个人相爱了。风婆婆发现女儿逃走并与凡人相爱，大怒之下，便刮起黑风暴惩罚他们，飞沙走石打瞎了罗布诺尔的眼睛，打断了米兰的双腿，米兰的哥哥若羌也受了重伤。风婆婆还不解恨，又将他们三人分别刮到东、南、西三面的荒漠上。哥哥惦念妹妹，米兰思恋情人，三人哭得泪流成河，汇集到一起，变成一大片湖泽，后人就把这个地方称为罗布泊。后来，米兰思念恋人成疾，头发都变白了，不久就死去了。米兰死去的那个夜晚，天地都变了颜色，湖泊也干涸了，美丽的罗布泊自此消失不见，只留下满地银沙。传说这遍地的银沙，便是米兰姑娘的白发所化。

罗布泊古称蒲昌湖，曾是我国第二大咸水湖，位于新疆塔克拉玛干沙漠的东部。在历史上，塔克拉玛干沙漠西部的塔里木河、孔雀河和车尔臣河以及东部的疏勒河，这些河的河水都从塔里木盆地流向罗布泊。所以，蒙古语称罗布泊为“罗布诺尔”，意思是“汇入多水之湖”。那个时候，罗布泊是一池碧水。可是，大约在公元 13 世纪，随着我国西北地区气候变干，流入罗布泊的水量大为减少，湖泊面积不断缩小，终于逐渐被沙漠吞噬。当地的人们为了纪念这个曾经的美丽湖泊，演绎出了米兰姑娘和风婆婆的故事。

罗布泊变成大片的荒漠之后，就成了一个让人恐怖的地带。在历史上，罗布泊曾是“丝绸之路”的必经之地。那时候，来往的商旅和游客穿越这个险恶地区时，经常莫名其妙地失踪，或者因饥渴而死，很少有人能顺利通过，因此罗布泊被人们称为“死亡之地”。唐代高僧玄奘西行取经路过敦煌时，在《大唐西域记》中曾写道：“沙河中多有恶鬼热风，遇者则死，无一全者……”后来有人发现，在罗布泊地区，竟然有人渴死在距泉水不远的地方，而且不可思议的事时有发生。因此，罗布泊在人们的心中也成了一个神秘地带。

1949 年，从重庆飞往乌鲁木齐的一架飞机，在鄯善县上空失踪。1958 年却在罗布泊东部被人发现，机上人员全部死亡。令人不解的是，飞机本来是向西北方向飞行的，为什么突然改变航线飞向正南方向？

1990 年，有 7 个人乘一辆客货小汽车去罗布泊找水晶矿，结果一去不返。两年后，人们在一个陡坡下发现 3 具干尸。小汽车距离死者 30 千米，其他 4 人下落不明。

1995年夏天，有3个人乘一辆北京吉普车去罗布泊探宝，结果也失踪了。后来的探险家在距楼兰17千米处发现了其中两人的尸体，死因不明，另一人下落不明。令人不可思议的是，他们的汽车完好无损，水和汽油都不缺……

罗布泊的神秘事件更增加了人们的好奇心，不断有人冒险进入罗布泊，想一探究竟，罗布泊成了人们心中的探险圣地。今日的罗布泊，干涸裸露的湖底布满盐层，地面沙碱土下面埋藏着盐的大块结晶体。过去，在罗布泊周围，有大量的野生动物，野猪、羚羊、黄羊、野兔等，如今，除偶尔有几只野骆驼路过之外，再没有任何动物会光顾这个"死亡之地"。

地理小讲堂

1972年7月，在美国宇航局发射的地球资源卫星拍摄的罗布泊的照片上，发现罗布泊的形状竟然酷似人的一只耳朵，不但有耳郭、耳孔，甚至还有耳垂。

这只"地球之耳"是如何形成的呢？科学家认为，罗布泊卫星照片上的大耳朵形状，主要是罗布泊在不同滞水期积聚的盐壳形成的。这些盐壳在太阳光的照射下，折射出不同的色彩轮廓，所以呈现在卫星照片上，就出现了一道道色调较浅的耳郭线。也有学者认为，大耳朵形状是20世纪50年代后期，来自天山南坡的洪水冲击而成的。当洪水流进湖盆时，挟裹着大量泥沙，冲击并溶蚀着原来的干湖盆，这些水流形成水下突出的环状条带，最终导致罗布泊大耳朵形状的出现。

好望角“杀人浪”

1487年，葡萄牙探险家迪亚士奉葡萄牙国王之命，率领探险队从里斯本出发，沿非洲西海岸向南航行，去寻找一条通往“黄金之国”——印度的新航道。当船队驶至大西洋和印度洋汇合处的水域时，突然狂风大作，风雨交加，海面上掀起了滔天恶浪。探险队员们紧张地握紧舵轮和帆绳，深恐帆船会被海浪冲向陡崖，然后撞得粉碎。惊涛骇浪中，他们发现此处有个狭长的海角。迪亚士命令船员们镇定下来，绕着海角前行，他们冒着险风恶浪，好不容易绕过海角，又向北航行了一段。这时，疲惫不堪的水手们已经对此次航行没了信心，便拒绝继续前进。迪亚士没有办法，只好下令拨转船头，返回里斯本，他向国王报告了航行的经过，并把那个“新发现”的南方海角称作“风暴角”。

几年之后，葡萄牙另一位探险家达·伽马又率领航队出发了。他的航队成功地绕过了“风暴角”，驶入印度洋，到达印度西南海岸，然后满载黄金、丝绸回到葡萄牙。葡萄牙国王约翰二世于是将“风暴角”改为“好望角”，意思是“美好希望的海角”，以示绕过此海角就能交好运。自此以后，好望角航道就成为沟通欧亚的重要海上通道。

现在，好望角已经是非洲大陆最西南端的著名岬角，那里经常巨浪滔天，把过往的船只掀翻在海底，这种可怕的巨浪被人称为“杀人浪”。“杀人浪”出现时，其前部犹如悬崖峭壁，后部则像缓缓的山坡，加上海上的狂风，此地的海况就更加恶劣。有时候整个海面剧烈地翻滚，航行到这里的船舶往往不幸遭难。1500 年，“好望角之父”迪亚士再度行经好望角时，就碰到“杀人浪”，不幸船毁人亡，葬身于此。

一位经常在这段航程中航行的海员曾经这样描述好望角：“乌云密蔽，很少见到蓝天和星月，终日西风劲吹，一个个涡旋状云系向东飞驰，海面上奔腾咆哮的巨浪不时与船舷碰撞，发出的阵阵吼声震撼着每个海员的心灵。”

好望角“杀人浪”的形成与当地海况有着密切的关系。好望角正处在盛行西风带上，西风带的特点是西风的风力很强，经常出现 11 级大风，这样的气象条件很容易造成好望角巨浪。此外，南半球是一个陆地面积少而水域辽阔的半球，有着“水半球”之称；好望角接近南纬 40 度，而南纬 40 度至南极圈的区域是一个围绕地球一周的大水圈，广阔无垠的海区也是好望角巨浪生成的另一个原因。此外，在辽阔的海域，海流突然遇到好望角的侧向阻挡，也很容易形成巨浪。因此，好望角既是重要的航线，也是海难经常发生、航船难以逾越的“鬼门关”。

好望角的发现，使得许多欧洲国家把扩张的目光转向东方。荷兰、英国、法国、西班牙等国的船队都纷纷取道好望角前往印度、印度尼西亚、印度支那（中南半岛）、菲律宾和中国，以期掠获大量的财富。1652 年，荷兰的东印度公司掠取了好望角的主权，并在现今的开普敦地区建立居民点，专为过往的船队提供淡水、蔬菜和船舶检修服务。

19世纪初，在海外已攫取大量殖民地的英国人侵入南非，击败荷兰人取得好望角的主权。在1869年苏伊士运河开通之前的300多年里，好望角航路成为欧洲人前往东方的唯一海上通道。苏伊士运河开通后，这条航路的作用虽有所减弱，但仍然是欧亚之间不可或缺的重要通道。

好望角是一个植物宝库，由于地形险恶，人迹罕至，这里拥有全世界最古老、完全处于原生态的灌木层。后来，一位来此观光的欧洲人不慎在这里引发了一场火灾，致使大面积的原生灌木林被付之一炬。专家们预言，随着南极大陆冰山的融化，海平面上涨，温室效应加剧，若干年之后，好望角将变成一片荒漠。

地理小讲堂

好望角地处开普半岛的南部，如今是南非著名的旅游区。开普半岛的地貌极具特色，悬崖、沙滩、珍奇的动植物和海港，形成了世界上最美丽的海岸线。这里的主要景点如下：

好望角的角点：最尖端的点称为角点，有标明经纬度的标志牌供游客拍照留念。

迪亚士角：迪亚士角在好望角东面，是拍摄好望角全貌的最佳角度。

老灯塔：位于迪亚士角最高点，是好望角的标志性景观。

新灯塔：由于老灯塔位置太高，海上的大雾经常导致船只看不到老灯塔的灯光，于是在老灯塔前端山腰间又修建了一座小灯塔。

丹顶鹤的故乡

“走过那条小河，你可曾听说，有一个女孩，她曾经来过……还有一群丹顶鹤，轻轻地轻轻地飞过……”这是 20 世纪 80 年代我国非常流行的一首歌曲，由歌手朱哲琴演唱的《丹顶鹤的故事》。歌中唱的是一位为救丹顶鹤而献身的姑娘的故事。歌曲的开头有一段旁白：“有一个女孩，她从小爱养丹顶鹤，在她大学毕业以后，仍回到她养鹤的地方。可是有一天，她为救一只受伤的丹顶鹤，滑进了沼泽地，就再也没有上来。”这是一个真实的故事，它就发生在丹顶鹤的“故乡”——江苏盐城。在这个国家级自然保护区，每年有占世界近一半的野生丹顶鹤到这里过冬，日本北海道的阿依努人把丹顶鹤称为“湿地之神”。

丹顶鹤大多生活在湿地中。地球上有三大生态系统，即森林、海洋、湿地。湿地泛指覆盖水深不超过两米的低地、土壤充水较多的草甸以及低潮时水深不超过 6 米的沿海地区。湿地中储存着大量的水资源，湿地能有效地控制洪水，也能防止土壤沙化，具有强大的水文调节和循环功能。我国的湿地维持着约 2.7 万亿吨水资源，占全国可利用淡水资源总量的 96%。如果没有湿地，我国的淡水资源将大为减少，甚至枯竭。

湿地还能改善环境，它能有效地滞留沉积物、有毒物和营养物质。湿地就像天然的过滤器一样，当含有农药、生活污水和工业排放物的流水经过湿地时，流速就会减慢，这样有利于毒物和杂质的沉淀和排除，因此，湿地被人们喻为“地球之肾”。在美国的佛罗里达州，有人将废水排入河流之前先让它流经一片柏树沼泽地，之后经过测定发现，废水中大约有 98%的氮和 97%的磷被净化排除了。大量的实验证明，水质较差的水流入湿地后，流出时就能被净化，成为水质较好的水，湿地过滤污染物的能力由此可见一斑。

湿地覆盖地球表面仅 6%，却是地球上大量生物生息繁衍的地方。自然湿地中不但生活着大量的水生动物和水生植物，也是多种珍稀濒危野生动物，特别是水禽的栖息、迁徙、越冬和繁殖地。中国湿地面积占世界湿地的十分之一，却孕育着 2000 多种野生植物和 1000 多种野生动物，仅鸟类就达 200 种之多。

湿地有很多种类型，包括沼泽地、河口三角湾、泥滩、泥沼、水塘、三角洲、珊瑚礁、季节性河流、浅海、泥炭地、湖泊、泛滥平原等。世界上几乎每一个国家都有类型各异的湿地，这些湿地保护着人们的生存环境。在著名的美洲红树林沼泽地，没入水中的红树树根在水下不断扩张，以截留水中沉积物并使其不被潮水冲入大海。红树林沼泽地稳固了海岸，保护了沿岸免受强风大浪的袭击。

赞比亚的卡夫平原则是一个最典型的泛滥平原，泛滥平原是河湖季节性泛滥形成的湿地。卡夫平原上的卡夫河环抱着大片的草地、温泉、沼泽和林地，这里称得上是一处天然的鸟类乐园，生活着大约 400

多种鸟类。

目前世界上，不管是哪种类型的湿地，都有一个共同之处，那就是近几百年来，它们都遭到了严重的破坏。虽说湿地干涸是自然进程的必然结果，但目前不少湿地的迅速消失，都是人类不合理的经济活动引起的。如果湿地大片消失，将来人类赖以生存的环境必将遭到极大的破坏，人类将会遭受意想不到的灾难。所以，保护湿地，是全人类刻不容缓的任务。

地理小讲堂

丹顶鹤是国家一级保护动物，也叫仙鹤。丹顶鹤姿态优美，是中国人自古就很喜爱的一种生物。在中国的文化中，丹顶鹤是吉祥、忠贞、长寿的象征，在古代被誉为“仙禽”。丹顶鹤在中国的长江下游江苏盐城以及三江平原的松嫩平原繁殖，在中国东南沿海各地及长江下游、朝鲜海湾、日本等地越冬。

丹顶鹤在湿地环境中处于食物链的上层，是湿地生物多样性的关键种。近年来，由于人们对湿地的破坏，不仅侵占了丹顶鹤原有的栖息地，还使原本连通的水系被阻断。人类活动导致的环境污染也威胁着丹顶鹤的生存，如烧荒等，这类活动对丹顶鹤的巢材毁坏严重，致使丹顶鹤的分布区域越来越小。

九曲黄河万里沙

相传在很久以前，黄河河水泛滥，给人们造成了很大的灾难。李耳为了治水，来到河南济源一带查看。他登上王屋山，朝西面望去，只见崇山峻岭之间，沿太行山南端的凤凰山和王屋山北端的中间，有一条万丈深谷。李耳看到这个地形，心里非常高兴，他打算从这个深谷把黄河水从山西的龙门引过来，再让它流进河南东部的平原。

李耳非常喜欢下棋，是个棋迷。他刚刚把引过来的黄河水拦在凤凰山下，就约了一个伙伴，在一个山洞里下起棋来，下着下着，就把黄河水的事情忘在了脑后。

李耳和那个伙伴的棋术都很高明，他们下了好久，也没有分出胜负。这时，李耳突然想起来黄河水还困在凤凰山下，就连忙站起来，把棋盘一推，下山去了。当他匆忙赶到凤凰山上一看，才发现原先被引过来的黄河水，已经偷偷地从西面绕过潼关和风陵渡，直往南奔去。水势汹涌，奔腾咆哮，看样子谁也挡不住它了。李耳一见，十分生气，他立即生起熔炉，炼成了一条几十丈长的大铁鞭。然后他拿起铁鞭，飞快地去追赶黄河水，追赶上了奔腾呼啸的黄河水之后，他高举铁鞭，“啪”地一鞭朝黄河水打下去，直打得黄河水乖乖地往东流去。

诗人贺敬之有一句诗写道：“望三门，三门开，黄河东去不回来。”从中国地图上可以看到，黄河从青海巴颜喀拉山发源后，流至兰州开始北上，经内蒙古的河套平原折而向南，至三门峡又重新向东，拐了一个巨大的“几”字弯，其长度占黄河全长的三分之一以上。由于黄河有许多大的曲折，故又名“九曲黄河”。

黄河全长 5464 千米，流域面积 752443 平方千米，是中国境内的第二长河。黄河的河源段有很多湖泊草滩，水量大而稳定，水流清澈。这里地广人稀，是藏族同胞聚居的纯牧区。历史上这里很荒凉，被称为“穷荒绝地”，杜甫曾感叹“君不见青海头，古来白骨无人收”。可见，古代的黄河源头有多么荒僻。今非昔比，如今青川公路干线从这里经过，给古老的“蛮荒之地”带来了无限生机。

黄河是世界上含沙量最多的河流，有一句俗语说“一碗水半碗泥”，就是形容黄河的泥沙含量！黄河每年从中游带下的泥沙，约有 16 亿吨之多，如果把这些泥沙堆砌成 1 米高、1 米宽的沙墙，其长度可以绕地球赤道 20 圈。刘禹锡有一句诗写道：“九曲黄河万里沙，浪淘风簸自天涯。”

黄河之所以有如此高的含沙量，是因为黄河的中游流经世界上最大的黄土堆积区——黄土高原。黄土高原的水土流失十分严重，是黄河泥沙的主要来源。黄河过中游后，进入下游的冲积大平原，800 多千米的河道，横贯河南、山东两省。由于黄河下游河道平坦，水流变缓，因此泥沙大量淤积，使得黄河的河床逐年升高。黄河每年带到下游的泥沙，约四分之一会堆积在下游的河道内。由于黄河的河床逐年抬高，

年复一年，黄河下游的河床比大堤外地面高出好几米，黄河就像悬在空中一样，因而，黄河下游段被称为“悬河”。

黄河不仅仅是一条自然界的大河，也是中华文化的源头。黄土地、黄帝、黄皮肤以及传说中的中国龙，这一切都和黄河有关，黄河也因此而成为中华民族的生命摇篮。但是，由于近年来人们乱砍滥伐、破坏水源，致使黄河的沙化问题越来越严重。专家认为，如果人类再乱砍滥伐的话，黄河的源头很可能会被淹没在风沙之中。所以，保护我们共同的母亲河，是每一个炎黄子孙的责任。

地理小讲堂

在中国历史上，黄河流域孕育了灿烂的文化，这里曾经长时期作为中华民族的政治、经济和文化中心，被誉为中华文化的摇篮。但是，这条哺育了华夏文明的母亲河，也给它的儿女带来过巨大的灾难。

据历史记载，在1946年之前的三四千年间，黄河下游决口泛滥多达1593次，河道因泛滥大改道共26次。平均三年就有两次决口，百年有一次大改道。1938年，黄河改道，河水淹没了豫东、皖北和苏北大片土地，受灾人口1250万，死亡人数达89万。

第三章　阴晴雨雪话气象

通俗地说，气象是指大气的状态和现象，例如刮风、闪电、打雷、下雨、结霜、下雪等。“天有不测风云，人有旦夕祸福。”人类生活在天气变化无常的地球上，不仅衣食住行受其影响，健康也受到很大的影响。例如，夏季高温可以使人中暑，而冬天严寒又能使人冻伤。此外，天气的变化还能影响到战争，自古以来，战争的胜负除了人为的原因，和天气也有着密切的关系。因此，可以说，天气的影响触及人类生活的方方面面。

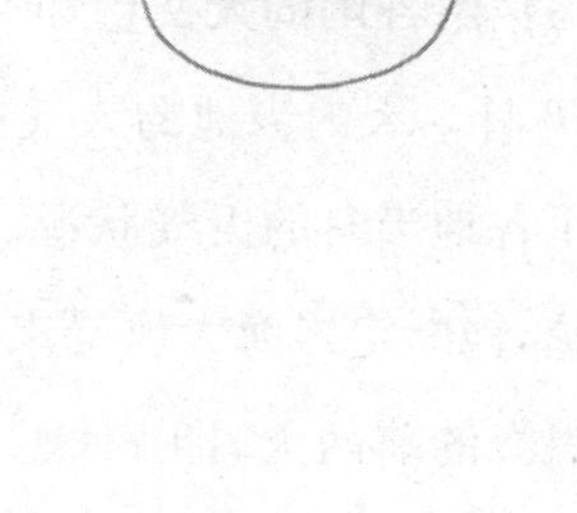

克里木战争和天气预报

俗话说，天有不测风云。自古以来，天气的变化，总是让人捉摸不透，难以预测。1853 年，为争夺巴尔干半岛的控制权，土耳其、英国、法国、撒丁王国等先后向俄国宣战。

战争开始的第二年的一天，也就是 1854 年的 11 月 14 日，当交战的双方在欧洲的黑海展开激战时，大风暴突然降临，在海上掀起了万丈狂涛，险些把英法舰队全部摧毁。事后，英法联军仍然对这场突如其来的大风暴惊恐不安，法军作战部下命令给法国巴黎天文台台长勒佛里埃，让他务必要弄清楚这次大风暴的来龙去脉。那时还没有电话，交通也不便利，勒佛里埃只能写信给各国的天文台和气象工作者，向他们收集 1854 年 11 月 12 日～16 日 5 天内当地的天气情报。他一共收到 250 封回信，信中详细介绍了各地当时的天气状况。勒佛里埃对这些资料认真分析之后，得出结论，他断定黑海大风暴来自大西洋，自西向东横扫欧洲。在大风暴袭击黑海的前两天，即 11 月 12 日和 13 日，欧洲西部的西班牙和法国已先后受到它的影响。

勒佛里埃心想:“这次大风暴从表面上看来得突然,实际上它有一个发展移动的过程。如果当时能在欧洲大西洋沿岸一带设置气象站,通过电报及时把风暴的情况通知作战部队,不就可以避免惨重的损失吗?”于是,第二年,勒佛里埃在法国科学院做报告时提出,假如组织气象站网,用电报迅速把观测资料集中起来,分析绘制成天气图,就可以从图中推断出未来风暴的运行路径。这样不仅有利于部队打仗,而且对工农业生产和日常生活都有极大的好处。勒佛里埃的提议,受到了法国各界的大力支持。后来,在勒佛里埃的积极努力下,1856 年,法国成立了世界上第一个天气预报服务系统。从那以后,天气预报就诞生了。

经过 100 多年的发展,如今天气预报已经成了人们日常生活中离不开的一项服务。人们在出门之前,总是会先听听天气预报。天气预报的主要内容就是在未来一段时期内,一个地区或城市的阴晴雨雪、最高最低气温、风向和风力及特殊的灾害性天气状况。但是在古代,人们只能根据肉眼观测到的天象和物象,来判断天气的变化。民间有很多观察天气的谚语,如“朝霞不出门,晚霞行千里”“东虹日头西虹雨”等。这些谚语是人们经验的积累,有一定的准确性,直到今天,这些谚语在我国农村仍然广为流传。

近几十年来,气象预报有了较大的发展,尤其是发射气象卫星以来,卫星的探测资料弥补了海洋、沙漠、极地和高原等地区气象资料不足的缺陷,使天气预报的准确率大大增加。如今,随着人类活动范围的扩大,天气预报更成为现代社会不可缺少的重要信息。

天气预报的制作过程细致而复杂,首先要将每日同一时间的各地气象站的观测数据及气象资料,再加上气象卫星和天气雷达收集到的资料,传送到国家气象中心,气象中心再根据这些资料绘制成天气图。

天气图绘制好之后，天气预报员通过分析判断后，再做出未来时间的具体天气预报。

天气预报做出来之后，就被传送到电台、报纸等媒体，在媒体上发布，或者是制作成电视天气预报节目，在电视台播放。这样一来，人们就可以了解到未来的天气信息了。

地理小讲堂

有趣的是，有些动物也能预报天气。

青蛙：青蛙是用声带鸣叫的动物，如果是晴天，由于气温适中，气压正常，青蛙的叫声就会很有节奏感，悠扬动听；如果是下大雨之前，气温升高，气压变低，青蛙的声带发声变得困难，青蛙就会无规律地乱叫。

猪：民谚道“猪衔草，寒潮到”“猪筑窝，下大雪”。这是因为猪的鼻、嘴部都无毛，直接接触空气，对寒冷特别敏感，在感觉到寒潮到来时，会急忙衔草筑巢。

狗：民谚道“狗泡水，要下雨”。因为狗身上没有汗腺，不能靠毛孔散热，感到炎热时只有靠张嘴、耷拉舌头来散热。当这样也不能感到凉爽时，狗就只好跳到水塘中。因此，当“狗泡水”时，就预示着天将下雨了。

癞蛤蟆：癞蛤蟆除了靠肺呼吸外，还得靠皮肤来帮助呼吸。用皮肤呼吸就要经常保持皮肤的湿润。因此，癞蛤蟆很怕干燥天气，它白天躲在阴暗处，晚上出来觅食。大雨来临前，空气湿度大，它白天也出来活动。因此有“白天蛤蟆出洞，一定下雨”的说法。

蚂蚁：蚂蚁在森林里向高处搬家，是将会有大雨的前兆。

飞虫：如果蜻蜓、蝴蝶、蜜蜂、黄蜂、飞蛾等飞虫在飞行时慌慌张张地乱撞，翅膀扇动得很急促，也是将要下雨的前兆。

海边小屋谋杀案

在一个繁星满天的夜晚，一个海边的度假小屋中发生了一起谋杀案。侦探根据线索找到了两个嫌疑犯，并且把他们带到警察局问话。侦探问两个嫌疑犯案发当晚在哪里，甲说："当晚我在海边漫步，和风从海上吹来，让我觉得心旷神怡，整个晚上我都在吹海风。"乙说："我站在沙滩上，望着茫茫的大海想心事，感觉凉风从背后吹来，让人浑身发抖，很快我就离开海边了。"侦探听了，马上指出，这个凶手就是甲。

那么，侦探是根据什么来判断凶手的呢？原来，是海陆风帮了侦探的忙。从海洋吹向陆地的风，叫作海风；从陆地吹向海洋的风，称为陆风。气象上常把两者合称为海陆风。在海滨地区，只要天气晴朗，在白天，风总是从海洋吹向陆地；到了夜里，风则从陆地吹向海洋。故事中的甲说他一个晚上都在吹海风，分明是在说谎，因为夜里大海边只可能吹陆风。

海陆风和季风一样，都是因为海陆分布影响所形成的周期性的风。

不过，海陆风是以昼夜为周期，而季风的风向却随季节变化。那么海陆风是如何形成的呢？在沿海岸地区，白天陆地地表空气增温迅速，而海面上气温变化很小。当陆地地表空气受热膨胀时，空气密度减小而上升。因此到了某一高度，陆地上空的气压高于海洋，空气就由陆地上空流向海洋。陆地地表因空气上升而气压下降，海面因大陆输送的下沉气流而气压升高，于是空气自海洋流向陆地，形成海风。

夜间，情况正好相反：陆地地表空气很快冷却，气压升高；海面降温则比较迟缓。地表气压高于海面，但到一定高度之后，海上气压又高于陆地。所以海洋上空的空气流向陆地，而陆地地表空气流向海洋，形成陆风。

因为白天海陆温差大，加上陆上气层较不稳定，所以有利于海风的发展，因此一般海风比陆风要强。而夜间，海陆温差较小，所波及的气层较薄，陆风也就比较弱些。临海一带温差大，海陆风强度也大，但随着逐渐远离海岸，海陆风也逐渐减弱。

随着海陆昼夜温差的不断改变，白天出现的海风，下午 2～3 时最强；夜间出现的陆风，夜里 2～3 时最强；上午 9～10 时和晚间 9～10 时，海陆温度几乎相同，没有温度差别，海风和陆风最弱，甚至消失，其实这一段时间，正是海陆风互相转换的时间。上午 9～10 时，从陆风转为海风；晚间 9～10 时，从海风转为陆风。

以水平范围来说，在温带地区，海风深入大陆 15～50 千米；在热带地区，最远也不超过 100 千米。而陆风侵入海上，大都只有几千米，最远的也只有 20～30 千米。以垂直厚度来说，在温带地区，海风为几百米；在热带地区，也只有 1～2 千米。而陆风，则要比海风浅得多了，最强的陆风，厚度也只有 200～300 米。

在热带地区，海陆风一年四季都可出现，出现次数比温带和寒带多。中纬度地区的海陆风，夏、秋两季比冬、春两季出现的次数多；高纬度地区，只有在暖季才出现海陆风。海风登陆带来水汽，使陆地上湿度增大，温度明显降低。因此，在夏季，沿海地区比内陆凉爽，而到了冬季，又比内陆温和。所以，海陆风还有调节沿海地区气候的作用。

地理小讲堂

人们常把荷兰称为“风车之国”。荷兰位于地球的盛行西风带，一年四季盛吹西风。同时，荷兰又濒临大西洋，是典型的海洋性气候国家，海陆风长年不息，这就给缺乏水力、动力资源的荷兰提供了利用风力的机会。

荷兰的风车，历史悠久。开始时，风车仅用于磨粉之类。到了18世纪末，荷兰的风车得到了很大的发展，那个时候，全国的风车有12000多台。这些风车用来碾谷物、粗盐、烟叶，榨油，压滚毛呢、毛毡，造纸，以及排除沼泽地的积水，几乎被用到了人们生活的各个方面。

20世纪以来，由于蒸汽机、内燃机、涡轮机的出现和发展，依靠风力的古老风车曾一度衰退。但是，因为风车利用的是自然风力，没有污染，所以被荷兰人民一直沿用至今。

舞厅里飘落的雪花

1773年冬天，在俄国圣彼得堡的一个贵族舞会上，由于舞厅里人多，又有成百上千支蜡烛在燃烧，使得舞厅里又热又闷，那些身体柔弱的夫人、小姐们几乎要昏倒了。这时，有一个年轻男子忍受不了闷热的空气，就跳上窗台，一拳打破了玻璃，窗外寒冷的气流立刻进入闷热的舞厅。这时候，舞厅里出现了奇迹，居然飘起了一朵朵雪花，冰凉的雪花飘落在闷热难忍的人们的脸上和手上。大家都以为外面下雪了，有人跑到舞厅外面，却发现外面的天空月朗星稀，连半朵雪花都没有。

那么，舞厅里的雪花是从哪儿飘来的呢？这真是一个让人百思不解的问题。

其实，如果懂得雪的形成原理，就不难理解舞厅里出现雪花了。我们都知道，在云层内，有大量的水汽和成核剂。成核剂是一种自然形成的物质，有助于水分子结合。它会吸附水分子，从而将水分子所含的热能降到可以形成冰晶的临界点。冰晶中的成核剂只是一些灰尘、细菌和其他悬浮在大气中的物质。水在成核剂上凝结后形成冰晶的核心。随着冰晶在云层中四处移动，会有更多的水粒子凝结到上面并冻结为小晶体。小晶体聚合在一起，就形成了雪花，雪花在逐渐变重之后，便飘落向地面。

在圣彼得堡的舞厅里，由于人们的呼吸中饱含了大量的水汽，同时，蜡烛燃烧时又散布了很多凝结核。当窗外的冷空气破窗而入的时候，迫使大厅里的饱和水汽和凝结核立即凝华结晶，变成雪花。因此，只要具备下雪的条件，屋子里也会飘雪花。

在大气中，一切尘埃、煤粒、矿物质等固体杂质，都可以形成理想的凝结核。当水汽、温度都达到一定条件时，水汽就会在这些凝结核周围凝结成雪花，飘向地面。雪花能大量消除空气中的污染物质，因此，每当一次大雪过后，空气就显得格外清新。

雪花在下降的过程中，由于环境的变化，会出现各种复杂的形状。大多数的雪花都是星状雪花，也有 3 个枝杈的、6 个枝杈的，甚至有 12 个枝杈、18 个枝杈的。雪花从空中下落到地面的过程中，由于路途很长，在条件适合时，可以和别的雪花多次攀连并合而变得很大。在降大雪的时候，有时有一些鹅毛般的大雪片，就是经过多次并合而成的。但是，有时雪花碰在一起时，并没有并合，而是相互碰破了，这时便产生一些单个“星枝”的畸形的雪花。

雪不仅能净化环境，还是农民粮食丰收的保证。常言道，瑞雪兆丰年。一层厚厚的积雪，就像给小麦盖了一床御寒的棉被，不但可以减少土壤热量的散发，还可以阻挡外面寒气的侵入，使小麦可以健康地过冬。由于雪水温度低，雪融化后能冻死地表层的害虫，为农作物除害，还为农作物储蓄了水分。此外，雪还能增强土壤的肥力。据科学家测定，每 1 升雪水里约含氮化物 7.5 克。雪水渗入土壤，就等于施了一次氮肥。但是，雪对农作物有利也有害，如果在三四月份的仲春季节，因寒潮而下了大雪，就会给庄稼造成冻害。所以农谚说：“腊雪是宝，春雪不好。”

地面上的积雪对音波的反射率极低，能吸收大量音波，因此，雪还可以消除噪音。对人类来说，皑皑白雪是大自然赐予的美好礼物。

地理小讲堂

雪是让人赏心悦目的风景，而且雪对人体的健康也有很多好处。《本草纲目》中记载，雪水能解毒，治瘟疫。民间也有用雪水治疗烫伤、冻伤的单方。经常用雪水洗澡，还能增强体质，增强身体的抵抗力，减少疾病。

长期饮用洁净的雪水，还可以延年益寿，因为雪水中所含的重水，比普通水中重水的数量要少 1/4。而重水能严重地抑制生物的生命过程。有学者做过试验，鱼类在含重水 30%～50%的水中，很快就会死亡。在中国古代，人们经常用雪水烹茶，比如唐朝诗人陆龟蒙在《煮茶》诗中就有“闲来松间坐，看煮松上雪”之句。宋朝的苏轼在《记梦回文二首并叙》诗前“叙”中也说过“梦人以雪水烹小团茶”。而古典文学名著《红楼梦》中，更有妙玉用雪水烹茶的精彩描写。即使到了现在，边远地区或用水困难的地方，仍然可以见到大缸积雪水食用的现象。

曹操筑“冰城”

东汉末期，曹操调集兵马讨伐西凉并杀死其首领马燧。马燧的儿子马超，是当时赫赫有名的猛将，发誓要报杀父之仇。于是，马超率领兵马东进，迎战驻扎在渭北的曹军。

曹操率军远道而来，因为长途跋涉，军士们都很疲惫，因此被马超的西凉精锐部队打败好几次，兵力损失惨重。曹操为保存兵力，防备马超偷袭，命令将士们取渭河沙土修筑营寨大墙。但是渭河沙土粒太粗，曹兵屡筑屡塌，无法筑成高大的寨墙，曹操因此很是郁闷。

有位当地的隐士知道了这事，就求见曹操，献上了一条妙计。他对曹操说：“连日来，渭水一带阴云密布，夜间必刮北风，倘若北风一起，定会天寒地冻。因此，当风起之后，就让士兵们运土泼水，这样到天明之时，就可建成一座坚固的冰土城了。”曹操听了，非常高兴，就让军士们依计而行。果然不出那位隐士所料，当夜北风呼啸，天寒地冻，军士们奋力运土泼水筑城。天亮的时候，一座白色的巨大“冰城”赫然矗立在那里。第二天，马超又来挑战，当他看到雄伟的“冰城”时，不禁大吃一惊，只见冰城险峻光滑，难以逾越，西凉军久攻不下，损失相当惨重。此时，“冰城”内的曹军乘机冲出，一举击溃了西凉军。

那位隐士是如何知道那天夜里会刮北风，并且天气会骤然变冷的呢？其实，这只是北方一种很常见的冷锋天气现象。冷锋就是人们常说的冷空气前锋，华北地区是中国境内冷锋活动的必经之地。曹操远征西凉的季节，是农历十月的初冬之际，此时我国北方大部分地区会经常出现恶劣的冷锋天气。曹操和马超交兵的黄土高原渭水一带，地处我国地势第二级阶梯，每当冷锋过境时，由于地势高峻，容易出现以北风为主的大风天气，并使气温迅速下降。在这种状况下，筑起一座“冰城”也就不足为奇了。

在《射雕英雄传》中，有一段黄蓉筑冰梯的故事：在寒冷的北方，黄蓉约郭靖在秃木峰顶相会。当郭靖来到秃木峰下的时候，看到秃木峰极为怪异，平地陡然拔起，孤零零地耸立在草原之上，就像一株无枝无叶的光干大树，而且陡峭异常。峰的四周结了一层厚冰，晶亮滑溜，就如一根大冰柱一般。郭靖正在发愁，黄蓉的手下鲁有脚赶着数十头牛羊来了。鲁有脚吩咐几名亲兵把这些牛羊宰了。只见一名亲兵将一头山羊的后腿割下来，趁着血热，按在峰上，霎时间鲜血成冰，将一条羊腿牢牢冻在峰壁上，比用铁钉钉住还要牢固。接着，几名亲兵把其他的羊腿也都割下来粘在峰壁上，很快就搭成了一架“羊腿梯”。这“羊腿梯”越往上搭，上面的风越猛烈，羊腿就粘得越牢固。于是，郭靖就顺着梯子顺利地到了峰顶。在这里，黄蓉也是利用冷锋带来的极寒天气，才筑起“羊腿梯”的。

冷锋是南下冷空气的先头部队。在冬季，每隔几天就有一股冷空气从中国的西北、华北地区侵入内陆。冷锋过境时，会伴有偏北风加大，气压升高和气温降低等现象，有时还会造成雨雪天气。我国冬季的寒潮，就是冷锋南下时形成的。

地理小讲堂

冷锋和暖锋的区别，主要表现在以下几个方面：冷锋是冷气团主动向暖气团移动的锋，暖锋是暖气团主动向冷气团移动的锋。冷锋降水主要出现在锋线的后面及附近，雨区范围狭窄；而暖锋降水出现在锋线的前面，雨区范围较宽。冷锋降水的时间一般比较短，强度大；而暖锋降水的时间一般比较长，但是强度小。

此外，冷锋和暖锋过境时和过境后的天气变化情况也不同。冷锋过境时，常常出现阴天、刮风、降雨(雪)、降温等天气现象。冷锋过境以后，气温下降，湿度减小，气压升高，天气转晴。而暖锋过境时，云层加厚，常常形成连续性降水。暖锋过境后，气温升高，湿度加大，气压降低，天气转晴。

商汤“坐台”求雨

传说，商朝建立不久，便发生了一场罕见的大旱灾，那次旱情持续长达 7 年之久。在那 7 年中，烈日暴虐，滴雨不见，大地都干裂得开了大口子，草木和庄稼都枯萎了，饥饿的百姓颗粒无收，四处逃难，路上到处是饿死的人。

旱情发生之初，朝廷还组织打井开沟，引水灌溉来抗旱。但随着旱情的日益加重，这些抗旱之策也无济于事。于是，商朝君主商汤就在郊外设立祭坛，举行祭礼，祈求上天下雨。他向苍天祷告说：“苍天啊，你发发慈悲拯救万民吧！如果是我做了错事，得罪了上天，我情愿去死，请不要为难我的百姓。”说完，他让人在一个高台四周堆满干柴，自己坐在台上，又向苍天发誓说：“如果上天仍不降雨，就是我得罪了上天。那么，就让我用我的生命为百姓换来一场雨吧！”

祷告完毕，商汤便坐到高台上去，让随从点火。火刚刚燃起来，突然乌云四合，电闪雷鸣，顷刻间一场大雨从天而降，将火浇灭。百姓们欢呼雀跃，很多人都跪在泥水里向商汤叩拜，感激商汤的圣人之德。百姓们都认为是商汤的精神感动了上天，上天才降下大雨，解除旱情的。

以现在的科学来解释，这场大雨自然不是商汤求来的，而是纯属巧合。因为久旱必有大雨，是一种自然现象。雨是从云中降落的水滴，陆地和海洋表面的水蒸发变成水蒸气，水蒸气上升到一定高度之后，冷却变成小水滴，这些小水滴组成了云，它们在云里互相碰撞合并成大水滴，当它们的重量达到空气托不住的时候，就从云中落下来，形成雨。

雨水是人类生活中最重要的淡水资源，植物也要靠雨露的滋润才能茁壮成长。整个地球表面的降水量是从赤道向两极逐渐减少的。在赤道地区既有广阔的海洋，又有如亚马孙河流域、刚果河流域和印度尼西亚等陆地，这些地方分布着广阔的热带雨林，气温又高，水分蒸发量大，大气中水分含量充足，气流上升运动强烈，因此降水非常丰沛。

从赤道向两极降水量逐渐减少，在南、北纬15°~30°的热带和亚热带地区，由于那里的地势不利于云雨形成，降水量达到最小值，地球上的沙漠多数分布在这个地带。

在我国，有句谚语“冬南夏北，转眼雨落”，意思是说，如果冬天吹南风，夏天吹北风，风力又比较大，那么，很快就会下雨了。这是因为我国大部分地区冬天比较寒冷，这种冷空气来自欧亚大陆的北方，因此各地经常吹北风或西北风。冷空气很干燥，因此晴天较多，一旦吹起了南风，而南风来自南方的海洋，它热而潮湿，与冷空气相遇，就会使水汽凝结成水滴，落下来。所以在冬天吹南风，一般情况下是要下雨的。

到了夏天，正是一年内天气最热的时期，我国大陆上经常吹偏南风。这时候一旦北方的冷空气袭来，吹起了北风，那么冷热空气碰在一起，又要下雨了。明白了这个道理，就可以根据冬夏季节里风向的变化，来预测天气的变化了。

雨让地球充满了生机，雨可以灌溉农作物，使农作物茁壮成长。雨还能够减少空气中的灰尘，冲走地面的垃圾，稀释有毒物质，净化环境。下雨有利于水库蓄水，还可以补充地下水，补充河流的水量，有利于发电和航运事业。

但是，雨量过多也会有负面作用，不但会影响植物生长，抑制植物的呼吸，甚至能导致植物死亡。中国长江中下游地区，每逢梅雨季节，就会出现一段持续较长的多雨天气，此时衣物、家具等极易受潮发霉。而且，持续的阴雨天也会影响人的情绪，使人觉得烦闷压抑。

只有适量的雨水，才能给人类带来益处。

地理小讲堂

在印度尼西亚爪哇岛南部的土隆加贡，有一种奇怪的现象，就是每天都要下两场非常准时的雨：第一次是下午三点钟，第二次是下午五点半。那些地处偏僻的小学，过去因没有钟表，就以下雨的时间作为学校的作息时间：第一次是上学时间，第二次是放学时间。

在南美洲巴西的巴尔市，也有这种奇怪的“报时雨”。这座城市每天都要下几次雨，而且每次下雨的时间都一样。当地居民都习惯地根据下雨来掌握时间，很少有人使用钟表。在那里，人们有事情需要会面或情人约会时，不是说上午几点或下午几点，而是说上午第几场雨或下午第几场雨。

第四章　有趣的世界之最

在我们生活的地球上，有许多有趣的“世界之最”，让人们感到非常好奇：世界上最大的岛屿是哪个？世界上最长的河流到底是尼罗河还是亚马孙河？世界上最大的沙漠在哪里？珠穆朗玛峰是如何成为世界最高峰的？世界上最大的峡谷在哪里？世界上最大的三角洲是哪个？世界上最高的高原是哪个？安第斯山脉是世界上最长的山脉吗？这些“世界之最”，都是地球在亿万年的变化过程中形成的，它们记录着地球的演变历史，也构成了地球上最壮观的景象。

格陵兰岛的杀人犯

公元 970 年左右，有个叫埃里克的挪威人犯了谋杀罪，为了逃避惩罚，他和父亲一起逃到了冰岛。当时，冰岛已经是挪威的殖民地。埃里克在那里结了婚，过了几年平静的日子。然而，本性难改，脾气暴躁的埃里克又连续两次杀人，被剥夺了公民权而驱逐出境，向西流放三年。埃里克在走投无路的情况下，带着一家老小，乘船往西而去。

埃里克一家在茫茫大海上航行了一段时间，一块新的陆地出现在他们面前。这块陆地上灌木茂盛，鲜花盛开，树上挂满了野果，埃里克一家决定在这里住下来。但是，只有一家人居住实在太孤单，于是埃里克决定回冰岛招募移民。为了吸引人前往定居，埃里克给这块陆地取了一个动听的名字“格陵兰”，意思是“绿色的土地”。听到有这么一块美丽的土地，有的人禁不住诱惑，就向格陵兰岛移民。

其实，这个岛并不像它的名字那样充满绿意。格陵兰岛是由高耸的山脉、庞大的冰山、壮丽的峡湾和贫瘠裸露的岩石组成的。格陵兰在地理纬度上属于高纬度，那里气候严寒，放眼望去，冰雪茫茫，东部海岸的自然条件极为恶劣，交通困难，人迹罕至。全岛85％的地面上，覆盖着厚厚的冰川，耸立着巨大的冰山，日照时间很短，岛上没有高大的树木，只有一些矮小植物，土地也不能耕种。因此，格陵兰是地球上人类最难生存的地方之一。

格陵兰岛是世界第一大岛，其面积有200多万平方千米，大部分位于北极圈以北。格陵兰岛上栖息着大量的濒危动物，每年夏季，有大量鸟类来此繁殖。格陵兰岛也是世界上最大的食肉动物——北极熊的家园，岛上还有狼、北极狐、北极兔、驯鹿、麝牛和旅鼠等动物。

生活在格陵兰岛上的人们，都以捕猎为生，主要食物是海豹。但是，近几十年来，世界绿色和平组织“反对捕猎海豹、鲸鱼”的立场，曾一度几乎摧毁了格陵兰的经济基础。其后，绿色和平组织意识到了格陵兰人的生活困境，改变了立场。如今，为生存而进行的渔猎在格陵兰是被允许的。

格陵兰岛拥有一些世界上最古老的岩石，据估计，这些岩石至少有37亿年的历史。由于全球变暖以及新移民不断涌入，格陵兰岛的环境问题日益明显。如今，格陵兰岛的冰盖正在加速融化，这对整个人类来说，无疑是个危险的信号。

1933年，丹麦获得了全部格陵兰岛的主权。2008年11月25日，格陵兰举行自治公投，75％的选民投票支持从丹麦手中获得更大的自治权。2009年6月21日，格陵兰的自治公投结果生效，政府接过原本由丹麦王国所有的天然气资源管理权、司法和警察权、部分外交事务权，格陵兰岛从此正式开始自治。

格陵兰岛是传说中圣诞老人的故乡，但是关于这个问题，以前有很多争议。直到2011年第40届世界圣诞老人大会上，大家讨论认为，传说中的圣诞老人有12头驯鹿，而格陵兰岛恰好是驯鹿的乐园。格陵兰岛代表说：“我们格陵兰岛拥有无数的驯鹿。你们难道不知道吗？”因此，格陵兰岛被确认为圣诞老人真正的故乡。

地理小讲堂

格陵兰岛的居民主要是因纽特人，他们住的房子有石屋、木屋和雪屋。因纽特人爱养狗，用狗来拉雪橇。他们主要以狩猎为生，对猎捕来的动物，把肉吃掉，毛皮做成衣物，油脂用于照明和烹饪，骨牙作为工具和武器。

因纽特人面部宽大，颊骨显著突出，四肢较短，躯干较大。因纽特人俗称“爱斯基摩人”。因纽特人并不喜欢这个称呼，而将自己称为“因纽特”或“因纽皮特”人，在爱斯基摩语中，意思是“真正的人”。

因纽特人每年必须面对长达数月乃至半年的极夜，同时还要抵御零下几十度的严寒和暴风雪。因此，因纽特人被认为是世界上最强悍、最顽强、最勇敢的人。

尼罗河“落泪夜”

江河泛滥，往往会被人们视为不幸或灾祸。而生活在尼罗河两岸的埃及人，却正好跟其他地方的人相反，每年尼罗河水泛滥的季节，他们都要举行隆重的庆祝活动，感谢尼罗河赐予他们的恩惠，这就是埃及一年一度的尼罗河泛滥节。

相传，在埃及，女神伊兹斯原本是奥西里斯的妻子。伊兹斯与丈夫相亲相爱，一天，丈夫突然遇难身亡。伊兹斯悲痛欲绝，一时泪如雨下。泪水落到尼罗河里，致使河水上涨，洪水泛滥。以后每年到了 6 月 17

日或 18 日，尼罗河水即将泛滥之际，人们便举行一次欢庆活动，被称为尼罗河的“落泪夜”。到了 8 月，当洪水漫过河床堤坝，淹没土地的时候，人们还要庆祝一次，庆祝泛滥的河水为两岸的土地带来肥沃的泥土。从这个故事中，可以看出埃及人对尼罗河的深情，这是因为泛滥的尼罗河水，给他们带来了肥沃的土地。

尼罗河全长 6671 千米，是世

界第一长河。尼罗河发源于东非高原，自南向北注入地中海。尼罗河流经布隆迪、卢旺达、坦桑尼亚、乌干达、埃塞俄比亚、苏丹、埃及等 7 个国家，跨越世界上面积最大的沙漠——撒哈拉沙漠。

尼罗河，阿拉伯语意为“大河”。尼罗河的流域面积约为 335 万平方千米，是埃及境内最重要的一条河流。几千年来，尼罗河每年 6 月至 10 月定期泛滥。8 月份河水上涨到最高时，会漫过河床，带走两岸土壤中的盐分，并把从上游带来的大量矿物质和有机质沉积在两岸的农田里，给埃及的耕地施上一层天然的细肥，使河谷区土地变得极其肥沃，庄稼可以一年三熟。据埃及历史记载：尼罗河两岸的农夫只需等河水自行泛滥，流到田地上灌溉，灌溉后再退回河床，然后只要把种子撒在自己的土地上，叫猪上去把这些种子踩进泥土，以后便只是等待收获了。由于尼罗河的灌溉，下游地区的农业非常发达，成为古代著名的粮仓。

在肥沃的尼罗河三角洲，盛产一种叫纸草的植物。这种植物形状似芦苇，茎呈三角形，高约 5 米，可以制成写字的纸张。使用时，先将纸草茎的外皮剥去，用小刀顺着生长方向把茎切割成长条，并横竖互放，用木槌击打，使草汁渗出。干燥后，这些长条就永久地粘在一起，最后用浮石擦亮，即可作为纸张使用。拉丁语中，这种纸草片叫作“pagina”，现今的英文“paper”（纸张）一词，便是源自于埃及的“papyrus”（纸草）。

尼罗河是一条非常古老的河流，河道曾经发生过多次改变，但它总是向北流去。尼罗河有两条主要的支流：白尼罗河和青尼罗河。青尼罗河发源于埃塞俄比亚高原，是尼罗河下游大多数地区水的来源。近年来，随着尼罗河流域国家的人口增长和工农业发展，各国对水的需求也与日俱增。由于每年从埃塞俄比亚境内注入尼罗河的水量占尼罗河总水量的 86%，因此埃塞俄比亚要求每年至少分得 120 亿立方米的尼罗河水。而埃及和苏丹不同意埃塞俄比亚从上游截留河水,认为这将影响下游的生存。因此,尼罗河水资源的分配问题,已逐渐成为一个国际政治问题。从总的发展趋势看,尽管矛盾和困难很多,只要流域各国进一步加强协商合作,存在的矛盾就可望得到解决,尼罗河将会为所有的流域国家带来丰富的水资源。

地理小讲堂

尼罗河全长6671千米,是世界公认的最长的河流。然而,2007年,由巴西、秘鲁两国组成的科考队经过长途跋涉,发现了亚马孙河的新源头,这个源头使得亚马孙河长度达到了6800千米,成为第一长河。这个观点也引起了专家们的争议,因此尚未获得全球地理学界的普遍认同。

亚马孙河位于南美洲,是世界上流量最大、流域最广、支流最多的河流。亚马孙河流量达每秒21.9万立方米,流量比其他三条大河——尼罗河、长江、密西西比河的总流量还大,占世界河流流量的20%;流域面积达691.5万平方千米,占南美洲面积的40%;支流数超过15000条。亚马孙河的源头在安第斯山高原中,经过秘鲁和巴西在赤道附近注入大西洋。

滚烫的撒哈拉沙漠

曾经有这样一个笑话：有个男子想要去某木材厂寻找一份工作。木材厂的厂长问他："我们需要的是会砍伐木头的人，让我先看看你的本领吧。"说着，厂长领着该男子走到一棵很粗的树前，让男子砍树。男子挥起斧子，一下子就把这棵树砍倒了。厂长很惊奇，又领着他到另外一棵更粗的树前，说："再试试这棵。"男子又是大斧一挥，把这棵树也砍倒了。厂长非常高兴，连忙对该男子说："伙计，你真棒！我们决定雇佣你了！"然后，厂长又问："不过，我很想知道，你是怎么练成这种神奇的砍树本领的呢？"男子骄傲地说："当年我在撒哈拉大森林可没少练过！"厂长听了一愣，说："是撒哈拉大沙漠吧？"男子想了想说："嗯，撒哈拉以前是森林，现在大概是沙漠了！"

这个笑话中说的撒哈拉大沙漠，指的就是世界上最大的沙漠——非洲北部的撒哈拉沙漠。这个沙漠面积超过900万平方千米，几乎占整个非洲大陆的三分之一。撒哈拉沙漠气候条件非常恶劣，是地球上最不适合人类生存的地方之一。

“撒哈拉”在阿拉伯语中就是“大荒漠”的意思。在这个大荒漠里，不仅有沙漠，还有大片的戈壁。地面上有各种被风吹蚀出来的小洼地，有的地方就是砾石堆、岩石高原、山地和盐滩。撒哈拉沙漠炎热干燥，全年平均气温超过 30℃，降水量极小。有雨的地方，雨水也在落地之前就蒸发到了大气中。撒哈拉的温差特别大，特别是夏天，一天中昼夜的温度差可达 30℃～40℃。白天烈日炎炎，光秃秃的沙面被晒得滚烫，鸡蛋放在地上都能够被烤熟。太阳落山以后，地面的沙石散热很快，到了夜晚，温度就变得很低，人们睡觉盖着毛毯还觉得很凉。

撒哈拉很多广阔区域内根本没有人迹，只有绿洲地区有人定居，以阿拉伯人为主。在撒哈拉旅行时，人很容易干渴，人体容易严重脱水。当地人为了避免在持续几周的沙漠旅行期间渴死，除用皮袋灌满水以外，一般都带上骆驼。出发前，他们让骆驼喝进大量的水，等到所带的水喝光时，他们就把骆驼杀死来解渴。

科学家们研究认为：公元前 8000 年到公元前 2000 年，是后寒武纪的潮湿期，那时的撒哈拉是个繁盛的草原，当地居民在草原上捕猎水牛、大象和羚羊，生活得非常舒适。但是，到了公元前 4000 年的时候，当地人开始饲养牲畜，随后开始制造盾、矛、战车。这些制造活动都需要大量的树木，于是，撒哈拉的森林和草原遭到破坏。加上气候变化，河流干涸，土壤因无水而龟裂，地上几乎长不出任何东西。就这样，在公元前 2000 年左右，撒哈拉大草原终于成了一片浩瀚无垠的沙漠。

但是，沙石遍地、气候恶劣的撒哈拉沙漠并不像人们想象的那样荒凉可怕，沙漠中还生活着很多动物和植物。撒哈拉的植物主要有各种草本植物、枣椰、柽柳属植物和刺槐树等，动物有野兔、豪猪、瞪羚、变色龙、眼镜蛇等。这些动物和植物给撒哈拉沙漠带来了很多生机。

撒哈拉沙漠还是个丰富的能源宝库。20世纪50年代以来，沙漠中陆续发现了丰富的石油、天然气、铀、铁、锰、磷酸盐等矿产资源。在利比亚、阿尔及利亚和埃及的荒漠里，已经竖立起了高大的石油井架，石油也给这些国家带了巨大的财富。

此外，撒哈拉地区地表虽然干旱，在沙漠中穿行的尼罗河却给埃及人民带来了灌溉的便利，他们在沿河两岸开辟了大片绿色的棉田，这些棉田成为沙漠中的绿洲。

地理小讲堂

在撒哈拉沙漠中，存在着闻名于世的远古大型壁画。这些壁画位于撒哈拉沙漠北纬30度区。壁画的表现形式或手法相当复杂，内容丰富多彩。从笔法来看，壁画的风格比较粗犷朴实，所用的颜料是不同的岩石和泥土，例如红色的氧化铁、白色的高岭土、绿色或蓝色的贝岩等。由于颜料的水分充分渗入到岩壁内，与岩壁产生了化学变化，两者最后融为一体。所以，经过几千年的风吹日晒，壁画的颜色依然鲜艳夺目。

今天，人们仍然对这些壁画捉摸不透，不仅对它们的绘制年代难于稽考，而且对壁画中那些奇形怪状的形象也无从理解。于是，撒哈拉的沙漠壁画成了人类文明史上又一个不解之谜。

大海中崛起的珠穆朗玛峰

相传在很久以前，喜马拉雅山珠穆朗玛峰地区曾是一片汪洋大海，叫喜马拉雅海。海边草木繁盛，鸟兽成群，是一个美丽富饶的地方。

后来，有一群妖怪来到海边兴风作浪，它们追捕野兽，赶走百鸟，践踏森林。东海龙王知道了这件事，就派他的小女儿珠穆朗玛去降服这群妖怪。珠穆朗玛女神将这群妖怪一个一个抓来，用东海的礁石把它们压在喜马拉雅海下面。可是这群妖怪的魔力很大，礁石少了压不住，珠穆朗玛女神只好不停地用礁石往上堆，把喜马拉雅海堆成了世界上最高大的一座山，才把这群妖怪压服了。为了纪念珠穆朗玛女神的功德，花、草、鸟、兽们一致要求女神永远留在人间。珠穆朗玛女神也很留恋人间美丽的景色，就化作一座山峰，终年站立在喜马拉雅山上，保护着所有的动植物免受妖怪的祸害。

根据地质学家考证，就像故事中所说的那样，现在是地球之巅的珠穆朗玛峰地区原来确实是一片汪洋大海，叫喜马拉雅海。科学家分析了在珠穆朗玛峰地区找到的岩石，发现这种岩石是由海底碎石泥沙沉积形成的。在这些岩层中，还找到了曾经生活在浅海中的动植物化石，如三叶虫、鱼、舌羊齿、海螺、海藻等，这些都是喜马拉雅山脉由海洋演变而来的证据。

远古的喜马拉雅海是古地中海的一部分。板块学说认为，喜马拉雅山脉的形成是印度洋板块与亚欧板块碰撞的结果。原来的印度洋板块与亚欧板块被古地中海隔开，由于印度洋底的扩张，印度洋板块不断向北漂移。在大约3000万年前，印度洋板块与亚欧板块相碰撞，印度洋板块斜插在亚欧板块之下，猛烈地挤压产生褶皱，后来隆起成山脉，从而形成了地球上最高大的喜马拉雅山脉。时至今日，印度洋板块仍在北移，喜马拉雅山仍处在缓慢上升的过程中。

在喜马拉雅山脉之中，海拔在7000米以上的高峰有50多座，8000米以上的有16座，其中最高的则是位于中国和尼泊尔边界上的珠穆朗玛峰，它以高达8844.43米的高度，成为世界最高峰。珠穆朗玛峰又译作圣母峰，是中国最美的、令人震撼的山峰之一，山间有孔雀、长臂猿、藏熊、雪豹、藏羚羊等珍禽异兽及多种矿藏。

珠穆朗玛峰的山体呈金字塔状，山上的冰川面积达1万平方千米，最长的冰川达26千米。山峰上部终年为冰雪覆盖，地形陡峭高峻。珠穆朗玛峰由于独特的地理环境，峰顶上的最低气温常年在－34℃。山上一些地方常年积雪不化，冰川、冰坡、冰塔林到处可见，还有高达数十米的冰陡崖和明暗冰裂隙以及险象环生的冰崩、雪崩区。珠穆朗玛峰及其附近高峰的气候复杂多变，即使在一天之内，也往往变化莫测。峰顶空气稀薄，空气的含氧量只有我国东部平原地区的四分之一，经常刮7、8级大风，甚至12级大风。由于气候极度寒冷，又被称为“世界第三极”。

珠穆朗玛峰是世界登山运动爱好者瞩目和向往的地方。1960 年，中国登山运动员和科学工作者不畏艰险，克服重重困难，首次从北坡登上了珠穆朗玛峰峰顶，创造了世界登山史上的奇迹。

北京时间 2008 年 5 月 8 日上午 9 时 17 分，北京奥运火炬接力珠穆朗玛峰传递活动中，中国登山队顺利登顶珠峰，藏族女队员次仁旺姆在峰顶高擎熊熊燃烧的奥运火炬，“祥云”火炬在世界之巅点亮。这是奥运圣火第一次登顶珠穆朗玛峰，无疑也是奥运历史上伟大的壮举之一。

地理小讲堂

关于珠穆朗玛峰的高度，一直存在争议。1999 年，美国国家地理学会使用 GPS 全球卫星定位系统测定珠穆朗玛峰的海拔高度是 8850 米。而世界各国曾经公认的珠穆朗玛峰的海拔高度是由中华人民共和国登山队于 1975 年测定的，是海拔 8848.13 米。但外界也有 8848 米、8840 米、8850 米、8882 米等多种说法。

2005 年 5 月 22 日，中华人民共和国重测珠峰高度，测量登山队成功登上珠穆朗玛峰峰顶，再次精确测量珠峰高度，珠峰新高度为 8844.43 米，而峰顶位于中国。同时停用 1975 年 8848.13 米的数据。

地球上最大的“伤痕”

在东非，有个地方叫奥杜维峡谷。奥杜维峡谷是一条长 50 余千米、宽约 2 千米的河谷。因峡谷内到处生长着一种叫作“奥杜维”的植物而得名。这种植物叶上的刺有毒，但是汁水可以止痛，是一种神奇的草药。

1911 年，一个德国人来这里采集蝴蝶，偶然发现了峡谷坡上的脊椎动物化石。后来，德国的一个探险队听说了这件事，就来此进行了三个月的地质调查，收集了相当数量的化石，并且带回了德国。一个偶然机会，英国科学家路易斯·利基在柏林博物馆看到了这些化石，引起了他极大的好奇心。于是，路易斯·利基和妻子组织了一个考古调查队，来到了奥杜维峡谷。他们在此地坚持考古发掘 20 多年，终于在 1959 年发现了轰动一时的“东非人”。经钾氩法测定，“东非人”为 175 万年前的古人类。

奥杜维峡谷位于坦桑尼亚北部的东非大裂谷东支的西侧。在东非大裂谷的地层中，科学家接连发现人类化石，使得东非大裂谷的早期人类化石和石

器遗物的数量成为世界之首。也正因为如此，世界各国的古人类学家基本上认定，非洲东部的大裂谷地区是人类最早的发祥地之一。

东非大裂谷是世界大陆上最大的断裂带，总长 6400 千米，相当于地球周长的 1/6，平均宽度为 48～65 千米，从卫星照片上看去，犹如地球上一道巨大的“伤痕”。大裂谷气势宏伟，风景壮观。大裂谷中，沿裂谷走向，排列着大大小小无数的火山，在裂谷断层的深处，又形成众多的湖泊。裂谷两侧的悬崖绝壁，宛如斧子劈成的一般陡峭。大裂谷内牧草丰美，林木葱茏，一片生机。

东非大裂谷几乎跨越了东部非洲所有的国家，其中以在埃塞俄比亚境内的部分为最长。其实，东非大裂谷不只局限于东非范围之内，它实际上是地跨中东与东非的一条巨大断裂带。在肯尼亚境内，裂谷的轮廓非常清晰，它纵贯南北，将这个国家劈为两半，恰好与横穿全国的赤道相交叉，因此，肯尼亚获得了一个十分有趣的称号——“东非十字架”。

地质学家们经过考察研究认为，大约 3000 万年以前，强烈的地壳断裂运动使得同阿拉伯古陆块相分离的大陆漂移运动形成了这个裂谷。

根据 20 世纪 60 年代美国“双子星”号宇宙飞船的测量，裂谷北段的红海扩张速度已经达到每年 2 厘米；在非洲大陆上，裂谷每年加宽几毫米至几十毫米。有科学家预言，如果照这种扩张速度，再过两亿年光景，东非大裂谷就会被彻底撕裂开，地球上就会出现新的大洋。到那个时候，地球将会有焕然一新的面貌。

地理小讲堂

除了东非大裂谷，世界上还有其他几个著名的大裂谷。

攀西大裂谷：攀西大裂谷位于中国四川南部攀枝花和西昌一带，是经过3.7亿年的构造运动形成的，那里分布有世界上最大的矾钛磁铁矿，还有铅锌矿、铜矿等。

科罗拉多大裂谷：科罗拉多大裂谷位于美国西南部亚利桑那州西北与犹他州、内华达州交界处凯巴布高原的三角地带。穿流其间的科罗拉多河及其支流切割层层沉积岩，形成了裂谷形态。

怒江大裂谷：怒江大裂谷位于中国云南西北部，地处亚欧板块和印度洋板块两大板块结合部，其独特的构造形成了横断山大纵裂谷地带，由北向南，巍峨高耸的碧罗雪山、高黎贡山、担当力卡山与奔腾的澜沧江、怒江、独龙江相间构成了深切的大裂谷。

不莱斯大裂谷：不莱斯大裂谷位于美国犹他州帕绍甘梯高原的东端。它实际上并不是由河流切蚀而形成的，而是呈半圆形的高原之端。

青藏高原的前世今生

在遥远的古代，一位男子为了逃避一桩不如意的婚姻，离家出走，流浪到川西高原一个叫泥柯（藏语意为太阳谷）的地方。家里人到处寻找他，这位男子四处躲藏。有一天他遇到了一位神仙，他告诉神仙不要透露自己的行踪，然后自己躲到了一个山谷中。神仙果然听从了他的话，并没有把他的藏身之地告诉寻找他的人。后来，这个男子把自己藏身的山谷叫作“彭”（藏语意为男人），“彭”就位于现在的青藏高原。从此，气势宏伟的青藏高原就有了灵气。

青藏高原是地球上海拔最高、面积最大的高原。青藏高原的地质历史可以追溯到距今 4 亿～5 亿年前的奥陶纪，到 2.8 亿年前，也就是地质年代的早二叠世，现在的青藏高原地区是波涛汹涌的辽阔海洋。这片海域横贯现在亚欧大陆的南部地区，与北非、南欧、西亚和东南亚的海域沟通，被称为“特提斯海”或“古地中海”。

直到 2.4 亿年前，由于板块运动，昆仑山和可可西里地区变为陆地。约在 2.1 亿年前，特提斯海北部再次进入构造活跃期，北羌塘地区、喀喇昆仑山、唐古拉山、横断山脉脱离了海浸，成为陆地；到了8000万年前，印度洋板块继续向北漂移，又一次引起了强烈的构造运动。冈底斯山、念青唐古拉山地区急剧上升，藏北地区和部分藏南地区也脱离海洋成为陆地，高原的地貌格局基本形成。距今1万年前，高原抬升速度更快，以平均每年7厘米的速度上升，最终成为当今的“世界屋脊”。

许多人认为，青藏高原是一片亘古不变的、荒凉的高寒世界，是生命的禁区。其实不然，这里繁衍生息着数不清的生命，除了雪豹、藏羚羊之类的珍稀动物，还有形形色色的蝴蝶。不过，如今随着人们对青藏高原的开发，许多珍稀动物在逐步减少，尤其是藏羚羊。20世纪初，一位英国探险家来到青藏高原的腹地羌塘地区考察。当他骑着马穿过荒原，翻过一座小山头来到一个广阔的盆地时，立刻就被眼前的景象惊呆了。他在笔记里是这样描述的：“几乎从我脚下一直延伸到视力可及的地方，有成千上万只母藏羚和她们的小羊羔，在极远的天际，还可以看到大片的羊群像潮水一样不断地、缓缓地涌过来，其数量不会少于1.5万到2万只……”那时候，青藏高原上生活着总数可能超过100万只的藏羚羊，其他的大型哺乳动物如野牦牛、藏野驴、藏原羚、盘羊、雪豹、棕熊……总数可能达到500万只。可是，由于人类的猎杀和人类生活的影响，现在藏羚羊的数目只有那时候的十分之一了。

青藏高原是影响地球气候的一个重要因素，作为一个高大的地理屏障，它有效地阻挡了北方大陆的寒冷空气，使它们不能进入南亚地区。青藏高原由于地势高，大部分地区热量不足，谷物难以成熟，因此只宜放牧。只有在河谷才可以种植作物，以青稞、小麦、豌豆、马铃薯、油菜等耐寒种类为主。

青藏高原自然条件恶劣严酷，人类何时开始在这片荒原上生存，一直是考古学家和人类学家研究的课题。他们认为，在距今三四万年左右,青藏高原可能就已有人类活动,并深入到了高原腹地,这个时间比南美安第斯人占据安第斯高原的年代还要早得多。

地理小讲堂

青藏高原大部分在中国西南部,包括西藏自治区和青海省的全部、四川省西部、新疆维吾尔自治区南部,以及甘肃省、云南省的一部分。整个青藏高原还包括不丹、尼泊尔、印度、巴基斯坦、阿富汗、塔吉克斯坦、吉尔吉斯斯坦的部分,总面积250万平方千米。我国境内面积240万平方千米,平均海拔4000~5000米,有“世界屋脊”之称。

青藏高原周围大山环绕,南有喜马拉雅山,北有昆仑山和祁连山,西为喀喇昆仑山,东为横断山脉。高原上还有唐古拉山、冈底斯山、念青唐古拉山等。高原被山脉分隔成许多盆地和宽谷。青藏高原湖泊众多,青海湖、纳木湖等都是内陆咸水湖。在湖泊周围、山间盆地和向阳缓坡地带,分布着大片翠绿的草地。所以,这里是仅次于内蒙古、新疆的重要牧区。青藏高原是亚洲许多大河的发源地,长江、黄河、澜沧江—湄公河、怒江、雅鲁藏布江以及塔里木河等都发源于此。

第五章　瑰丽的地理奇观

大自然经历几十亿年的漫长岁月，在地球表面塑造出无数巧夺天工的地理奇观。色彩瑰丽的“丹霞地貌”令人拍案叫绝；经过亿万年的烈日灼烤和雨水冲蚀、风化而形成的云南石林，让全世界都为之惊叹；冰雪覆盖的南极，是无数探险者心中的圣地；沙丘中传出的奇特的响声，更是让无数人瞠目结舌。我们生存的地球家园，历经亿万年的地质变迁、地壳运动而形成各种瑰丽的地理奇观，让人不得不惊叹造物主的神奇与伟大。

沙漠中的“仙境”

从前，有一个骆驼队，他们在一片浩瀚的大沙漠中艰难地行走。白天烈日炎炎，把沙漠晒得直冒火，沙漠上蒸腾着滚滚热浪。天空没有一丝云彩，也没有一点风。酷暑和干燥的天气使得赶骆驼的人们疲乏不堪，皮袋中的水已经喝完了，嘴唇干得裂开了口子。他们想，这时要是能喝到一口清凉的水该有多好！突然，在远处的地平线上，奇迹般地出现了一片绿洲，绿洲内绿柳成荫，倒映在一个微波荡漾的湖面上，湖的两岸高耸着宫殿和寺院。这些干渴难忍的旅行者大喜过望，于是他们急忙朝那片绿洲奔去。可是，走过一个沙丘又一个沙丘，他们发现绿洲离他们还是很遥远，而且忽隐忽现。又过了一会儿，绿洲中的湖水、宫殿、寺院全部消失得无影无踪了。

这种神秘的幻景也常常出现在海面上。在天气晴朗、平静无风的时候，有时会在海面上空浮现出一座城市，亭台楼阁神奇地显现在空中，来往的行人和车马也清晰可见。然后，空中的城市逐渐模糊直至消失。这种神秘的幻景被人们称为“海市蜃楼”。古人认为,“海市蜃楼”是海中蛟蜃吐气而形成的楼台城郭景象。

在西方神话中,“海市蜃楼”被认为是魔鬼的化身,是死亡和不幸的凶兆,会给人们带来灾难。但是在中国,人们则把蜃景看成是仙境。秦始皇、汉武帝还曾率人前往蓬莱寻访仙境。那么,这种奇妙的幻景究竟是怎样产生的呢?

要回答这个问题,得先从光的折射原理说起。当光在同一密度的均匀介质内行进的时候,以直线形式前进。当光线倾斜地由一种介质进入另一种密度不同的介质时,方向会发生曲折,这种现象叫作光的折射。空气本身并不是一个均匀的介质,在一般情况下,它的密度是随温度的变化而变化的。“海市蜃楼”就是太阳光遇到了不同密度的空气而出现的折射现象。

夏季沙漠上烈日当空,沙土被晒得灼热,沙层表面的气温迅速升高。由于空气传热性能差,在没有风时,沙漠上空的垂直气温差异非常显著,下热上冷,上层空气密度大,下层空气密度小。当太阳光从密度大的空气层进入密度小的空气层时,产生折射,便将远处的绿洲呈现在人们眼前了。

海面上出现“海市蜃楼”的原理与此相似。因为靠近海面的温度比较低,而海面上方的空气温度较高,通过光的折射,空中就会浮现出美丽的“海市蜃楼”。

中国“海市蜃楼”出现最频繁的地方是山东。宋朝时期,沈括在他的《梦溪笔谈》里就有这样的记载:“登州海中时有云气,如宫室台观,城堞人物,车马冠盖,历历可睹。”这就是他在蓬莱所看到的“海市蜃楼”。公元 1624 年 7 月 6 日(明天启四年五月二十一日),登州海面上发生了历时 7 个多小时的“海市蜃楼”,当时即将离任的登莱巡抚袁可立目睹了整个过程，写了一首《海市诗》，将当时的盛况记录了下来。

“海市蜃楼”只能在无风或风力微弱的天气条件下出现。因为大风一起，引起上下层空气的流动，上下层空气密度的差异就减小了，光线不能进行明显的折射，“海市蜃楼”也就不存在了。

如果身处沙漠或者大海上，“海市蜃楼”的幻景会让人难以辨别远处的物体，远处物体的轮廓变得模糊不清。“海市蜃楼”还给识别目标、估计射程等活动带来困难。不过，如果能到一个高出沙漠地面或海面3米左右的地方，就可以避开贴近地表或海面的热空气，从而摆脱“海市蜃楼”的幻景。总之，只要稍稍调整一下观望的高度，“海市蜃楼”现象就会消失。

地理小讲堂

为了证明“海市蜃楼”的现象，人们有时候会做这样的实验：在一间不通风的屋子里，把一块长方形的平滑铁片横放在几根用铁管做成的小柱子上，在铁片上撒上一层薄沙。然后用深色的纸剪成亭台楼阁，贴在一块毛玻璃上，然后把玻璃板垂直放在铁片的一端，使亭台楼阁的剪纸露在沙层上面。在玻璃板后下方，用一只手电筒向上照射，这样从铁片的另一端看去，好像亭台楼阁后面衬托着明亮的天空一样。

然后，用炉子在铁片下面加热。加热时，要注意使铁片各处受热均匀，特别是靠近毛玻璃一端三分之二的地方。当铁片上的沙子被加热到烫手时，沿薄铁片往毛玻璃方向观察，就能发现沙面下方出现了亭台楼阁的倒影，这种现象就是“海市蜃楼”。

诡异的“赤壁丹霞”

相传在很久以前，人类的始祖女娲受上天的差遣，来到地上造人。女娲先在北方取水搓土，造成泥人。但是由于北方干旱，土质疏松，造出来的泥人很快就散了。于是，女娲乘船飘游各地，打算寻找好的水土再造人。这一天，女娲来到南方一个叫“夏湖”的地方，发现这里水质清澈，土壤湿润，正是造人的理想之地。

于是，女娲就在“夏湖”四周开辟造人作坊，然后搓土造人。女娲所造的人，分阴阳男女，男人阳刚健美，女人秀丽聪慧。从此，人世间阴阳相济、繁衍不息。

人类繁衍起来后，出现了共工与颛顼争帝的局面。共工失败后大怒，就用头去触不周山，于是天塌地陷。女娲见状，便令巨鳌用四脚作柱顶住天，又调拨船队，装运五彩锦石补天。补好天之后，女娲非常疲惫，就仰卧在“夏湖”边休息。女娲这一睡，却因过度劳累再也没有醒来，化成了石头。而女娲补天剩下的五彩锦石，就化成了一座高山，后人称之为“丹霞山”。

丹霞山是广东四大名山之一，以其赤壁丹崖、洞穴纵横、造型奇特的地质地貌，以及色如渥丹、灿若明霞、色彩斑斓的绚丽景色而举世闻名。这种类型的地质地貌，在美国西部、欧洲中部、澳大利亚及中国的很多地方都存在。其中中国丹霞山的这种地质地貌最集中、发育最典型、类型最齐全、造型最丰富、风景最优美，因此，地质学上以丹霞山为名，将同类地貌命名为“丹霞地貌”。

这种色彩瑰丽的“丹霞地貌”是怎样形成的呢？原来，在距今1亿多年前，丹霞山区是一个大型内陆盆地，受喜马拉雅造山运动影响，四周山地强烈隆起，盆地内接受大量沉积的红色屑岩，形成了巨厚的红色地层。在随后的千万年中，由于地壳上升而逐渐受侵蚀。然后盆地又发生多次间歇上升，同时流水下切侵蚀，红色地层被切割成一片红色山群。瑰丽无比的“丹霞地貌”就这样形成了。

丹霞地貌区大都是奇峰林立、景色瑰丽，旅游资源丰富。广东丹霞山自古就是著名的风景区，整个风景区山石林立，错落有致，宛如一方红宝石雕塑园，故又被称为“中国红石公园”。丹霞山区的古越族先民，曾经在悬崖的顶上构筑山寨，以避战乱或匪盗。以致到了现在，山上还保留着大量古山寨和崖墓、悬棺等墓葬文化景观。

丹霞山有很多奇迹，举世闻名的阳元石便是其中之一。阳元石高高耸立在离地面200多米的山坡上，其直径7米。据说这片山坡有200万年的历史，而阳元石的形成，也至少花了30万年。阳元石的北面为坤元山，一阴一阳遥相对应。凡是亲眼看见丹霞山阳元石的人，无不惊叹造物主的神奇。

世界上的丹霞地貌有很多，以我国分布最广，但是南方地区和北方地区有很大的差别。以秦岭—淮河一线为界，中国南方地区丹霞地貌不仅规模大、数量多、色彩鲜明，而且形态多样；北方地区丹霞地貌规模小、数量少，而且色彩单调，形态呆板。但是，不论在南方地区还是北方地区，丹霞地貌都和人类活动密切相关，南方地区湿润的季风气候决定了丹霞地貌与古寨文化和墓穴文化的渊源关系，而北方地区的干旱气候铸就了北方丹霞地貌的石窟艺术和宗教文化积淀。

地理小讲堂

2005年，在《中国国家地理》杂志举办的“选美中国”活动中，评选出了“中国最美的七大丹霞”，名称与当时标注的所属地分别如下：

第1名：丹霞山（广东省韶关市仁化县）

第2名：武夷山（福建省南平市武夷山市）

第3名：大金湖（福建省三明市泰宁县）

第4名：龙虎山（江西省鹰潭市）

第5名：资江—八角寨—崀山丹霞地貌（包括广西壮族自治区桂林市资源县的八角寨与湖南省邵阳市新宁县的崀山）

第6名：张掖丹霞地貌（甘肃省张掖市临泽县和肃南裕固族自治县）

第7名：赤水丹霞地貌（贵州省遵义市赤水市）

阿诗玛的传说

在云南的阿着底，有位彝族姑娘名叫阿诗玛。阿诗玛聪明美丽，与青年阿黑相爱。阿着底的财主热布巴拉的儿子阿支，看中了阿诗玛的美貌，就央求媒人带着厚礼前去求亲，遭到阿诗玛的拒绝。于是，阿支趁阿黑去远方牧羊之机，派人将阿诗玛抢走。阿诗玛乘阿支不备，将与阿黑定情的山茶花掷入溪中，溪水立即倒流，阿黑获讯立刻赶回。无耻的阿支提出要和阿黑赛歌，一决胜负。结果阿支比赛输了，可是他仍不甘心，又企图用暗箭杀害阿黑。阿黑愤怒地用神箭射穿阿支家寨门和大厅的柱子，射在神主牌位上，阿支命令众家丁用力拔箭，箭却纹丝不动。阿支害怕了，只得将阿诗玛释放。阿诗玛和阿黑喜悦地骑马回家。他俩来到溪边，下马休息，这时，阿支派人偷走了阿黑的神箭，放洪水将阿诗玛淹死。阿黑悲愤地呼唤着阿诗玛的名字，但阿诗玛已化为一尊石像。

如今，阿诗玛石像依然伫立在云南石林之中，风风雨雨许多年，翘首以待阿黑的到来。云南石林是一种林状喀斯特地貌。喀斯特地貌是可溶性岩石受水的溶蚀作用而发生沉淀、崩塌、陷落、堆积等形成的各种特殊地貌——石林、石峰、石芽、溶斗、落水洞、地下河，以及奇异的龙潭，众多的湖泊等，这些地貌也叫岩溶地貌。

云南石林涵盖了地球上众多的喀斯特地貌类型，仿佛遍布世界各地的石林都在此地汇集。大约 3.6 亿年前的古生代泥盆纪时期，石林一带还是一片汪洋大海。大约 2.8 亿年前的石炭纪时期，大海中的石灰岩经过海水的不断冲刷，留下了无数的溶沟和溶柱。后来，这里的地壳不断上升和经过长时间积淀，才逐渐变沧海为陆地。海水退去后，又历经了亿万年的烈日灼烤和雨水冲蚀、风化、地震，石林才逐渐形成，从而给人们留下了这壮丽奇景。

作为一种特殊而罕见的地貌景观，17 世纪的明末清初，我国就有探险者和文人雅士进入石林探幽访胜，并写下许多赞美石林奇观的诗歌词赋。清朝初期编纂的《路南州志》对石林有了更具体形象的描述：“石

林，岩高数十仞，攀援始可入。其中怪石林立，如千队万骑。”

世界上其他一些国家也有类似的石林地貌，但同中国云南石林相比，要么面积小，要么形态单一，要么是位于热带雨林深处使人难以到达，很少有像云南石林这样，成片成片地分布在一个地区的山岭、沟谷、斜坡、洼地等各种地形上的。云南石林也因此被中外喀斯特专家学者誉为“石林博物馆”。

石林地区除石林地貌外，还发育有其他喀斯特地貌，如石牙原野、溶蚀岩丘、溶蚀洼地、漏斗、溶蚀湖、暗河、天生桥、瀑布、溶洞及洞穴沉积等，它们与石林一起构成了一幅从地上到地下完整的喀斯特全景图。云南石林是大自然鬼斧神工的杰作，我们在观赏其瑰丽姿态的同时，也要好好爱护这一珍贵地质奇观，因为它是大自然馈赠给人类的一件珍贵而壮美的礼物。

地理小讲堂

喀斯特地貌主要有下面这些形态。

溶沟和石芽：溶沟就是地表水沿岩石表面流动，由溶蚀、侵蚀作用在岩石表面形成的许多凹槽。溶沟之间的突出部分叫石芽。

石林：这是一种高大的石芽，一般可高达 20～30 米，密布如林，故被形象地称为石林。

峰丛、峰林和孤峰：峰丛和峰林是石灰岩遭受强烈溶蚀而形成的山峰的集合体。孤峰是岩溶区孤立的石灰岩山峰。

溶斗和溶蚀洼地：溶斗是岩溶区地表圆形或椭圆形的洼地。溶蚀洼地是四周为低山、丘陵和峰林所包围的封闭洼地。

落水洞、干谷和盲谷：落水洞是岩溶区地表水流向地下或地下溶洞的通道。干谷是地表径流消失后岩溶区遗留下来的谷地。盲谷是地表水流进落水洞而形成的没有谷口的死胡同或河谷。

溶洞：溶洞又称洞穴，它是地下水沿着可溶性岩石的层面、节理或断层进行溶蚀和侵蚀而形成的地下孔道。

冰川上的红玫瑰

在阿尔卑斯山山顶雪线附近，生长着一种美丽鲜艳的野花——高山玫瑰。这种高山玫瑰鲜艳欲滴，异常漂亮。当地的年轻人常常冒生命危险，爬上冰川摘取高山玫瑰，献给心爱的姑娘。19世纪初，有几个青年结伴同行，攀登上险峰去采摘珍贵的高山玫瑰。结果这几个青年突然遇到雪崩，不幸被积雪掩埋，连尸体都没找到。当时，有个冰川学者说，大约40年后，这些遇难者的尸体很可能会在冰川的下游出现。人们都不相信，谁知过了43年之后，冰河的下游果然出现了那几个遇难者的尸体，有个青年手中还紧握着一枝高山玫瑰。

遇难者从上游到了下游，说明冰川是会流动的。可是，冰川是固体，为什么会流动呢？这是因为冰川是由积雪常年积聚形成的，冰川中冰晶体之间的空隙里包裹着水，水就相当于润滑剂，在压力和重力的作用下，迫使冰川向下流动。

曾经有位地质学家在阿尔卑斯山的老鹰冰川上砌了一座小石屋，

用来观察冰川的流动和速度。13 年之后，这座小屋居然从原处向下移动了 1428 米。很明显，小石屋是不会移动的，移动的只能是小石屋下面的冰川。

冰川流动的速度很慢，平均每天流动几厘米到几米，以致肉眼观察不出来。全世界的冰川中，流动速度最快的是格陵兰岛的卡拉雅克冰川。我国的冰川大都是大陆性冰川，冰川上的物质循环较为缓慢，因而冰川的运动速度比较慢。

冰川也称冰河，存在于极寒之地。冰川冰最初形成时是乳白色的，随着时间的推移，慢慢变成晶莹剔透像蓝色水晶一样的冰川。冰川是天然的雕塑家，能形成绚丽多姿的冰川奇观，令人叹为观止。

冰川表面常有许多裂隙，有些裂隙深有几十米，这说明冰川的性质是脆性的。不过，这些裂隙很少有超过 60 米的，它们总是在小于这个深度时就闭合了，这说明冰川下部是有塑性的，它可以适应各种外力作用而不至于发生破裂。因此，冰川可以分为两层：表面容易断裂的这层叫作脆性带，而下部的那层叫作塑性带。

冰川是地球上最大的淡水资源库。地球上的陆地有十分之一都覆盖着冰川，而地球上的大部分的淡水资源就储存于冰川之中。近年来，由于全球气候逐渐变暖，世界各地冰川的面积和体积都明显减少，有些甚至消失。1980 年以来，世界冰川的平均厚度减少了约 11.5 米，这主要是由于人类滥用煤炭、石油等化石燃料引起气候变暖所致。

冰川的加速消融，必将给人类带来严重的后果，比如海平面上升、全球气候改变、生态环境遭到破坏等。更可怕的是，冰川的融化还会导致埋藏在冰盖中几百年甚至几万年的微生物逃逸出来，给人类带来不可预知的某种疾病。因此，冰川消融应该引起人们的高度重视。

地理小讲堂

中国的冰川面积分别占世界和亚洲山地冰川总面积的14.5%和47.6%，中国是中低纬度冰川发育最多的国家。中国冰川分布在新疆、青海、甘肃、四川、云南和西藏6个省(区)。其中，西藏的冰川数量多达22468条，面积达28645平方千米。

中国冰川中，面积大于100平方千米的冰川有33条，其中完全在中国境内最大的山谷冰川是音苏盖提冰川，位于中国新疆维吾尔自治区喀喇昆仑山脉乔戈里峰北坡，冰川总长约42千米，冰舌长约4200米，面积为392.4平方千米，名列中国境内已知冰川的首位。

第六章　可怕的自然灾害

自然灾害是自然界中发生的异常现象，会给人类造成极大的危害。世界范围内重大的突发性自然灾害包括旱灾、洪涝、台风、风暴潮、冻害、雹灾、海啸、地震、火山喷发、滑坡、泥石流、森林火灾等。这些自然灾害和人类对生存环境的破坏有着很大的关系。我国幅员辽阔，地理气候条件复杂，是世界上受自然灾害影响较为严重的国家之一。尽管人类科技水平日益发达，仍然无法阻止自然灾害的肆虐。因此，人类要爱护环境，尽可能减少自然灾害的发生。

南美洲的杀鱼“圣婴”

19 世纪初，在南美洲的厄瓜多尔、秘鲁等国家，海边的渔民们发现了这样一个奇怪的现象：每过几年，从 10 月至第二年的 3 月这一段时间，会出现一股沿海岸南移的暖流，使表层海水温度明显升高。南美洲的太平洋东岸，本来盛行的是秘鲁寒流，在东南信风的吹送下，表层的海水离岸外流，深层海水涌过来补充，同时将营养物质带到上层，因而这里浮游生物繁盛，吸引了大量秘鲁沙丁鱼等冷水性鱼类在这儿繁衍栖息。这些随着寒流移动的大量鱼群的出现，使秘鲁渔场成为世界四大渔场之一。但是，这股暖流一出现，性喜冷水的鱼类就会大量死亡，使渔民们的经济遭受灭顶之灾。由于这种现象最严重时往往在圣诞节前后，于是，秘鲁渔民将这种海水温度季节性上升的现象称为“上帝之子——厄尔尼诺”（厄尔尼诺为西班牙文音译，意为“圣婴”）。

厄尔尼诺现象是指太平洋热带地区的海水大范围异常增温的现象。这一现象造成了地球温度的升高，使影响气候的各种因素失衡，从而导致气候异常。厄尔尼诺现象一出现，本来该凉爽的地方变得炎热无比；本来温暖如春的季节突然下起了大雪；正值旱季却洪水泛滥；雨季到来却迟迟不见滴雨。天气变化的异常，给人类造成了巨大的损失。

一般来说，当厄尔尼诺现象出现时，赤道太平洋中东部地区的降雨量会大大增加，甚至造成严重的洪涝灾害，澳大利亚和印度尼西亚等太平洋西部地区，则干旱无雨。1982～1983 年出现的强厄尔尼诺现象，给人类带来了巨大的灾难。这次厄尔尼诺现象，使通常干旱的赤道东太平洋沿岸降水大增，南美洲西部的夏季出现反常的暴雨，厄瓜多尔、秘鲁、智利、巴拉圭、阿根廷遭受洪水袭击，厄瓜多尔的降水比正常年份多 15 倍，洪水冲决堤坝，淹没农田，使得几十万人无家可归。在太平洋西侧，则出现了严重的干旱。澳大利亚由于干旱，引起灌木林大火，造成多人死亡；印度尼西亚的东加里曼丹，也发生了严重的森林火灾，并殃及马来西亚和新加坡，大火产生的烟雾使马来西亚的空运中断，三个州被迫实行定量供水。这次厄尔尼诺事件在世界范围造成的经济损失约为 200 亿美元，并且致无数人伤亡和无家可归。

长期以来，历史学家们对一件事感到迷惑：中国的唐朝于公元 907 年灭亡，而远在南美洲的玛雅文明也几乎在同一时间消失。为什么在公元 9 世纪和 10 世纪交替之际，当时分别属于西半球和东半球最大的两个文明帝国，几乎在同一时刻走向消亡？在两个庞大的帝国灭亡后，随之而来的均是长时间的封建割据。难道这一切都是巧合？

通过历史的蛛丝马迹可以发现，当年的玛雅帝国和唐朝帝国都遭受了严重的干旱，随后又出现了严重的饥荒，这就导致这两大文明开始走向衰落。而当时恶劣的气候变化，和厄尔尼诺现象存在着密切联系。种种迹象表明，当时出现了严重的厄尔尼诺现象，导致那些湿润地区陷入了持续的干旱，进而出现严重的饥荒，促使这两个文明最终走向衰落。

20 世纪 90 年代以后，厄尔尼诺现象出现得越来越频繁了。不仅如此，厄尔尼诺现象滞留的时间也延长了。厄尔尼诺现象的频发与地球自然环境的日益恶化有关，人类能否走出“厄尔尼诺”的怪圈，也许就在于人类自己对自然的态度。在任何时候，人类只要破坏大自然，就会受到大自然毫不留情的惩罚。

地理小讲堂

与厄尔尼诺现象相反的是拉尼娜现象，有人称之为“圣婴”的邪恶妹妹“女婴”。虽然“女婴”对人类的危害不及“圣婴”，但也会给人类造成伤害。

“拉尼娜”的字面意义是“女孩”，也被称为“反厄尔尼诺”现象。拉尼娜现象总是出现在厄尔尼诺现象之后，它是由前一年出现的厄尔尼诺现象造成的庞大冷水区域在东太平洋浮出水面后形成的，其特征恰好与“厄尔尼诺”相反，指的是洋面水温反常下降。

但是，并不是每次厄尔尼诺现象出现以后都会出现拉尼娜现象。据统计，不足一半的厄尔尼诺现象出现之后会出现拉尼娜现象。

地震前的“鸡犬不宁”

1976年7月27日，唐山市丰润县任各庄乡鱼塘里的鱼突然往上漂，全村男女老幼见状，都来捞鱼。到了夜里，由于天气闷热，村民何某睡不着，听见房间里鸡笼内的十来只小鸡叽叽喳喳叫个不停，更加难以入睡。何某觉得有点奇怪，平时这群小鸡也是关在笼子里，放在室内，它们都很安静，为什么今天却叫个不停？于是何某起来，把鸡笼提到了院子里，也真怪，小鸡到院中就不叫了。

当何某进屋再度躺下来时，忽然听见西北方向有隆隆的雷声传来。这时，何某的睡意一点也没有了，他想起了鱼翻塘、小鸡叫，何某的心里猛地一惊，脑子里急速闪过一个念头：要发生地震了！于是，他立即叫醒了妻子和两个孩子，简单收拾了一下，急速跑到院中。不一会儿，大地开始摇晃，房屋开始倒塌，20世纪世界上最惨痛的地震——唐山大地震发生了。

1976年7月28日，北京时间3时42分53.11秒，唐山市丰南一带突然发生里氏8.2级(国内测量为7.8级)强烈地震，23秒钟后，唐山被夷成废墟，60多万间民用建筑瞬间倒塌或受到严重破坏，24万人死亡，16万人受重伤，4000多个孩子成了孤儿，地震罹难场面惨烈至极。

地震是地球内部发生急剧破裂产生的震波在一定范围内引起地面振动的现象，它就像海啸、龙卷风、冰冻灾害一样，是地球上经常发生的一种自然灾害。地震常常造成严重的人员伤亡，能引起火灾、水灾、有毒气体泄漏、细菌及放射性物质扩散，还可能造成海啸、滑坡、崩塌、地裂缝等次生灾害。

大地震之前，一般都会有前兆，也就是地震发生前会出现异常现象，包括井水、泉水异常等。在农村，有这样的谚语：“井水是个宝，地震有前兆。无雨泉水浑，天干井水冒。水位升降大，翻花冒气泡。有的变颜色，有的变味道。”人们注意到，平时清澈平静的井水，在地震前会毫无缘由地发浑、冒泡、翻花、升温、变色、变味、突升、突降，泉源突然枯竭或涌出等。

此外，许多动物也会反应异常。比如牛、马、驴、骡惊慌不安、不进厩、不进食、乱闹乱叫、打群架，甚至挣断缰绳逃跑、蹬地、刨地、行走中突然惊跑等。这是因为动物们的某些器官感觉比人类灵敏，它能提前感觉到一些灾害事件的发生，伴随地震而产生的物理、化学变化，能使一些动物的某种感觉器官受到刺激，从而做出异常反应。

地震对自然界的景观也有很大影响。大地震能使局部地形改观，或隆起，或沉降；也能使城乡道路断裂、铁轨扭曲、桥梁折断。在现代化城市中，地震还会导致地下管道破裂和电缆被切断造成停水、停电和通信受阻。在山区，地震还会引起山崩和滑坡，造成掩埋村镇和行人的惨剧。大地震中崩塌的山石还可能堵塞江河，形成堰塞湖。

地震大多发生在地壳不稳定的地方，特别是板块之间的消亡边界容易形成活跃的地震带。我国位于世界两大地震带——环太平洋地震带与欧亚地震带的交汇部位，因此，我国是一个地震灾害严重的国家。我国的陆地地震占全球陆地地震的三分之一，而因地震死亡的人数也远远超过其他国家。

地震给人类造成的灾难是巨大而沉痛的。在过去，由于科学技术落后，人们对地震发生的原因认识不清，只好借助于神灵。随着社会的进步，人们已经开始用科学的眼光来看待地震，并且用科学的方法来预防地震，这样当地震发生时，就可以把它给人类造成的危害降到最低。

地理小讲堂

地震很难预测，而且一般发生得都很突然，从地面出现震动到建筑物的坍塌一般只有短暂的十几秒时间。在这短暂的时间内，应该保持冷静，采取正确而有效的避险措施，千万不要慌张。

1. 尽快躲在桌子等坚固家具的下面。地震时，要选择在重心较低且结实牢固的桌子下面躲避，并紧紧抓牢桌子腿。

2. 如果有时间，就躲到卫生间。如果是在家中，应先关掉煤气，拉下电闸，避免在躲避的过程中出现煤气中毒、触电等危险。接着飞速跑到墙角或者空间相对较小的房间躲避，最好是卫生间，因为卫生间空间较小，管道多，支撑力强。

3. 将门打开，确保出口畅通。我们现在所住的房屋，一般都是钢筋水泥结构，会出现由于地震造成门窗错位，打不开门的状况。因此，为了避免被封闭在屋子里，请将门打开，确保出口畅通。

被卷到天上的小屋

从前，有个小姑娘叫多萝茜，她和叔叔、婶婶一起住在堪萨斯州的一个农场里。她有一只心爱的小狗叫“托托”，托托总是爱追婶婶的爱猫，为了不让托托因此而被警察带走，多萝茜决定带着托托暂时离开叔叔和婶婶。可是，多萝茜还没走出农场，突然刮起了强劲的龙卷风。叔叔、婶婶和其他人都躲进了旋风地洞，可怜的多萝茜连同叔叔的小木房被龙卷风卷走了。

龙卷风停下来后，多萝茜发现自己掉进了一个叫奥兹的小人国里。由于木头房子掉下来时正好砸死了为害小人国的东方女巫，多萝茜在小人国受到了热烈的欢迎。当多萝茜提出要回到叔叔、婶婶身边时，小人国的甘琳女巫给她指引了一条通向翡翠城，找奥兹魔法师寻求帮助的路。

这个故事就是美国作家弗兰克·鲍姆创作的奇幻冒险童话故事《绿野仙踪》。故事中的龙卷风为什么有那么大的威力，居然能把木头房子卷走呢？

龙卷风其实是一个猛烈旋转着的破坏力极强的空气涡旋。龙卷风的上端与雷雨云相接，下端有的悬在半空中，有的直接延伸到地面或水面，一边旋转，一边向前移动，看上去就像一条巨龙在吸水，所以人们形象地把龙卷风称为“龙吸水”。如果龙卷风发生在海上，就称为“水龙卷”；如果出现在陆地上，卷扬起尘土，卷走房屋、树木等，称为“陆龙卷”。龙卷风远远看去，不仅很像吊在空中晃晃悠悠的一条巨蟒，而且很像一个摆动不停的大象鼻子。

龙卷风经常发生在夏季的雷雨天气时，尤以下午至傍晚最为多见。龙卷风虽然来势强劲，但是袭击范围小，龙卷风的直径一般在十几米到数百米之间。龙卷风的存在时间一般只有几分钟，最长也不超过数小时。但是，龙卷风的破坏力极强，往往能将大树连根拔起，还能掀翻车辆，摧毁建筑物，有时还能把人卷走。

当遇到龙卷风的时候，如果正身处车内，那是非常危险的。如果当时龙卷风可见且距离遥远，并且当前交通顺畅，则可以将车驾离龙卷风的路径，一定要沿与龙卷风路径成直角的方位移动。如果当时交通不畅，应尽量快速将车辆停泊在交通线之外，并且寻找坚固的建筑物或壕沟作为掩体来躲避。无论在何种情况下，都不应在龙卷风接近时留在车内，因为在龙卷风经过的时候，任何车辆都容易被卷起并抛掷，还能使汽车内外产生很大的气压差而引起爆炸，所以这时最好的办法是火速弃车，快速奔向附近的掩蔽处。

龙卷风有个特点，就是“直来直去”，一般情况下不会转弯，好像百米冲刺的运动员一样。龙卷风过后，都会留下一条狭窄的破坏带，在破坏带旁边的物体，即使近在咫尺也安然无恙。所以人们在遇到龙卷风时，一定不要慌张，要镇定自若，积极想办法躲避，最好能躲到用混凝土建筑的地下室里。如果没有地下室，也应尽量往低处走，尤其不能待在楼房上面。

另外,躲避的时候,小房间和密室比大房间相对安全。而且,靠近大树的房屋内也比较安全,因为人们经常见到大树被龙卷风连根拔起或拦腰折断,而未发现大树被"抛"到远处的。可见,在龙卷风的多发区,在房前屋后多植树也是抵御龙卷风袭击的一种方法。

地理小讲堂

世界上每个陆地国家都出现过龙卷风,其中美国是发生龙卷风最多的国家,美国因此被称为"龙卷风之乡"。美国每年都会形成上千个龙卷风,而且强度大。在美国,龙卷风每年造成的死亡人数仅次于雷电造成的。这主要和美国的地理位置、气候条件以及大气环流特征有关。美国东临大西洋,西靠太平洋,南面还有墨西哥湾,大量的水汽从东、西、南面流向美国大陆。水汽多就容易导致雷雨云,当雷雨云积聚到一定强度后,龙卷风就产生了。

此外,美国的主要山脉如落基山、阿巴拉契亚山都是南北走向,对来自墨西哥湾的暖湿气流和加拿大的冷空气起不到很好的阻挡作用,冷暖空气都能长驱直入到内陆地区。两者交汇碰撞,就容易产生强劲的龙卷风。

袭击蒙古军的"神风"

公元13世纪中叶，元世祖忽必烈在一统中国之后，为了显示自己的威力，决定派兵东征日本。1274年夏季，数十万勇猛的蒙古兵登上了战船。然而，蒙古兵擅长骑射，对海上作战还很陌生。因此，蒙古军一到琉球外海，就遇到了强烈的"大风暴"，把大船的桅杆都吹断了，好多士兵都被吹到了海里，蒙古军损兵折将而归。1281年，仍不甘心的元世祖再次派兵东征。由于选择的时间仍是夏季，结果重蹈覆辙。元朝统治者以为是天意，日本人有"神风"的保护，就放弃了武力征讨日本的计划，表示愿意和日本友好通商，两国的和平交往很快发展起来。

让元朝军队两次铩羽而归的"神风"，其实就是台风。蒙古军长期习惯于内陆的大陆性气候，对恶劣的海洋天气一无所知，根本不了解夏季是盛行台风的季节，也不知道台风有多么可怕，因此才损兵折将。

台风其实也是一种激烈的空气涡旋，它在大气中绕着自己的中心急速旋转，同时又向前移动。在气象学上，通常将大气中的涡旋称为气旋，因为台风这种大气中的涡旋产生在热带洋面，所以称之为热带气旋。热带气旋在北半球作逆时针方向旋转，在南半球作顺时针方向旋转。

世界上位于大洋西岸的国家和地区，大多会受到台风的影响。同是热带海洋上的强烈空气涡旋，由于发生的地区不同，称呼也不同：发生在太平洋西北部地区的热带气旋，习惯称为台风；如果发生在大西洋，则称为飓风；到了北印度洋，则称为风暴；在澳大利亚称为威力风。因此，飓风、台风、风暴、威力风等，尽管名称不同，但是说的都是热带气旋。我们平时说的“台风”这个名称，是历史上沿用下来的，与国际规定的标准不一致。我国中央电视台的天气预报节目等，都采用国际标准：热带气旋中心附近的平均最大风力小于 8 级(17.2 米/秒)的称为热带低压；8～9 级(17.2～24.4 米/秒)的称为热带风暴；10～11 级(24.5～32.6 米/秒)的称为强热带风暴；12 级或 12 级以上(>32.6 米/秒)的称为台风。

影响我国的台风，大都发生在菲律宾以东洋面，即关岛附近洋面，那里是我国台风的发源地。在我国登陆的台风，平均每年有 6～7 个，大都集中在 7～9 月份，而东南沿海地区受台风影响最为强烈。

台风的名字都很有趣。早在 18 世纪，澳大利亚气象学家突发奇想，开始用女性名字给台风命名，并且作为一种荣誉或纪念，赠予自己的女友、妻子或是政治家，这一奇怪的做法在欧美各国迅速流行起来。1949 年，大西洋第一个飓风被命名为“哈里”，因为飓风袭击佛罗里达州时，美国总统哈里斯·杜鲁门正在那里视察；不久，又一飓风扫荡了佛罗里达州，人们便把它尊称为总统夫人“贝斯”。有一年台风季节，墨西哥湾同时出现两个台风，分别被取名为“艾丽丝”和“巴巴拉”。这对“台风”小姊妹引来了一场前所未有的大洪水。结果，人们开始反对用女性名给台风取名。尽管如此，气象学家们仍坚持这一做法，虽然后来也开始用男子名来给台风命名，但是目前所使用的西太平洋台风的名称听起来依然很美好，如茉莉、玫瑰、珍珠、莲花、彩云等，似乎与台风带来的灾害有点格格不入。

台风具有很大的破坏力，是一种灾害性天气。台风在海上移动时会掀起巨浪，对航行的船只造成严重的威胁。当台风登陆时，狂风暴雨会给人们的生命财产造成巨大的损失。1970 年 11 月 12 日，台风从孟加拉湾北上登陆时，造成巨大海啸，浪高达 6～7 米，地面积水深达 4 米，有 30 多万人在那次台风引起的海啸中失去生命。

地理小讲堂

台风虽然给人类带来巨大的灾难，但是也可以为人类造福。对某些地区来说，如果没有台风，庄稼的生长就会受到严重的影响。比如西北太平洋的台风、西印度群岛的飓风和印度洋上的热带风暴，都会给经过的地区带来丰沛的雨水，使庄稼更能茁壮成长。

台风降水也是我国江南地区和东北地区夏季雨水的主要来源；台风还能解除我国珠江三角洲、两湖盆地和东北平原的旱情，确保农业的丰收。另外，台风带来大量降水，使大小水库蓄满雨水，保证了水力发电机组能够正常运转，节省了大量原煤。所以，有人评价说，台风“使局部地区受灾，让大部分地区受益”。

消失的庞贝

古罗马帝国有个繁荣的城市叫庞贝。庞贝城坐落在维苏威火山的南面，这里土壤肥沃，气候宜人，物产丰饶，种植着成片的葡萄、油橄榄、蔬菜，还有无花果和迷迭香，庞贝人过着富足而安乐的生活。萨尔诺河绕庞贝城而过，流向那不勒斯湾，连接起古罗马帝国与世界各地的贸易往来，给庞贝城带来了一片忙碌的繁荣景象。

公元 79 年 8 月 24 日，庞贝城的人们像往常一样开始了一天的生活。面包房的老板早早就打开了店门，女人们忙着缝补衣服，情人们忙着约会，男人们聚在酒吧里聊天。突然，人们听到一阵震耳欲聋的巨响，接着，庞贝城的上空出现了浓浓的黑烟，滚烫的烟灰伴随着灼热的岩浆，铺天盖地降落到这座城市，空气中弥漫着令人窒息的硫磺味。人们惊恐万状，甚至还没有意识到赶快逃避，这个生机盎然的城市就被毁灭了。

吞噬庞贝城的元凶，正是北面几千米处突然爆发的维苏威火山。

公元79年8月24日下午1时起，维苏威火山开始喷发，持续约19个小时。喷发物在火山口上方形成厚厚的云层，将周围笼罩在黑暗中。空气中的火山灰呛得人喘不过气来，庞贝城中的很多人都是因窒息而死的。不断沉降的烟尘、浮石和火山砾越积越多，堵塞了道路，最终掩埋了整座庞贝城。

火山是地下深处的高温岩浆及有毒气体从地壳中喷出而形成的，火山爆发是一种很严重的自然灾害，它常常伴有剧烈的地震。火山爆发时，能喷出多种物质，有固体、液体和气体。固体物质一般有岩块、碎屑和火山灰等；液体物质一般有熔岩流、水、各种水溶液，以及水、碎屑和火山灰混合的泥流等；气体物质一般有水蒸气和碳、氢、氮、氟、硫等的氧化物。除此之外，在火山爆发时，还常喷射出强烈的光、电、磁和放射性物质等，这些物质有时能给人们带来生命危险，或使电器、仪表等失灵，使飞机、轮船等失事。

世界上有很多火山，有些火山在人类有史以前就喷发过，但现在已不再活动，这样的火山被称为“死火山”；不过也有的火山会随着地壳的运动而突然喷发，这样的火山被称为“休眠火山”；人类有史以来，时有喷发的火山，被称为“活火山”。现今地球上，已知的“死火山”约有2000座，已知的“活火山”约有500座。火山大都出现在地壳中的断裂带，现在地球上99%的活火山，都集中在环太平洋一带和印度尼西亚向北经缅甸、喜马拉雅山脉、中亚、西亚到地中海一带。

我国已发现600多座火山，只有极少数是暂时休眠的活火山，如黑龙江德都的老黑山和火烧山。200多年前，它们最后一次喷发时，因大量岩浆堵塞白河，遂塑造出了风景优美的五大连池。

世界上最大的活火山是美国的黄石超级火山，它位于美国中西部怀俄明州西北角的黄石国家公园，占地面积近9000平方千米。黄石火山有一个巨大的火山口，在这个火山口下面，蕴藏着一个直径约为 70 千米、厚度约为 10 千米的岩浆库，这个巨大的岩浆库距离地面最近处仅为 8 千米，并且还在不断地膨胀。目前，黄石火山已经进入活跃期，一旦该火山喷发，将给全世界带来灾难性的后果。

地理小讲堂

火山爆发虽然给人类带来巨大的灾难，但是，同样也能给人类带来丰厚的礼物。由于火山活动，搅动了地下炽热的岩浆，这些岩浆冲出地面形成了火山岩。这些火山岩里富集多种矿产。比如南京的梅山铁矿、安徽马鞍山铁矿、安徽庐枞铁矿等，都是火山活动形成的。

火山灰还是天然的肥料，因为火山灰含有多种农作物所需的养分。在吞噬掉庞贝古城的意大利维苏威火山下，意大利人开办了几家大型化工厂，他们利用火山喷发的气体制造硼酸、氨水和硫酸化合物。此外，在常年冰封雪冻的冰岛，有五分之一的家庭利用火山蒸汽取暖供热。

“人骨湖”的冰雹

在印度北安查尔邦境内，流传着一个关于“人骨湖”的故事。据说，“人骨湖”里曾经被发现有几百具尸骨，这些尸骨据说是印度北方一个叫坎瑙吉国的国王、王后以及他们的孩子和随从的。传说，有一天王后遭到了女巫的诅咒，这个国家将遭到严重的自然灾害。为了解除女巫的诅咒，国王就带领家人和随从去山上祈福。国王、王后带着他们的孩子以及一班舞女和乐师，走到了南达德维山峰。国王在山上举行了一场舞会，这触怒了山上的女神，女神认为国王不应该在这神圣的地方跳舞，这是对神灵的不恭敬。因此，女神决定下一场冰雹杀死国王和他的全家。于是，山上顷刻间乌云密布，电闪雷鸣，一场暴雨从天而降，夹杂着鸡蛋大的冰雹到处乱飞。结果国王一家和所有的随从都被冰雹砸入湖中。

冰雹俗称雹子，一般像绿豆、黄豆般大小，大的也有像栗子、鸡蛋那么大。冰雹常发生在夏季或春夏之交，是一种对农业危害较大的灾害性天气。一场冰雹过后，正在开花的果树、刚刚发芽的玉米、已经长出绿叶的蔬菜等农作物，都可能遭受毁灭性的破坏，造成颗粒无收。特大的冰雹甚至比柚子还大，会毁坏大片农田和树木，摧毁建筑物和车辆等，具有极强的破坏力。

冰雹是在对流特别旺盛的积雨云中产生的，主要是由于冷暖空气活动频繁所致。当空气中的水汽随气流上升，遇冷时会凝结成小水滴。如果随着高度增加，温度继续降低，达到零摄氏度以下时，水滴就会凝结成冰粒。在它继续上升的过程中，会吸附其周围的小冰粒或水滴而变得更大，当大到上升气流无法承载其重量时，即往下降。当下降到较高温度区时，冰粒的表面会融解成水，同时也会吸附周围的小水滴。当再次遇上强大的上升气流时，冰粒会再次被抬升；同时，抬升的过程中其表面又凝结成冰，如此反复，冰粒的体积越来越大，就形成了冰雹，直到它的重量大于空气的浮力，就会降落。由于冰雹经过不断的冻结，结实而坚硬，所以对人畜和庄稼有很大的冲击力和破坏力。

冰雹出现的范围通常是带状区域，所以民间有“雹打一条线”的说法。冰雹发生的时间一般都比较短，但来势凶猛，并常常伴随着狂风、强降雨、急剧降温等灾害性天气。中国是冰雹灾害频繁发生的国家，尤其是北方的山区及丘陵地区，地形复杂，天气多变，更容易发生冰雹灾害。

冰雹虽然可怕，但是也可以预防。据《左传》记载，鲁昭公四年（公元前 538 年）的春天，曾经出现过一场大冰雹，当时的相国季武子提出这样的问题：冰雹可以人工预防吗？怎么预防？可见，虽然当时并没有预防冰雹的好办法，但是人们已经有了预防冰雹灾害的意识。到了明清时期，人们已经正式开始人工消除冰雹。在甘肃省的某个县志中，就曾有“鸟枪齐发”消雹的记载。

到了现代，人工防雹的技术已经更加先进。目前常用的是爆炸法，就是利用爆炸时产生的冲击波影响冰雹云的气流，或使冰雹云改变移动方向。此外，爆炸产生的冲击波还可以使过冷的水滴冻结，从而抑制冰粒的增长，而体积较小的冰雹又很容易化为雨落下来，这样就起到了消除冰雹的作用。

地理小讲堂

如何预测冰雹的发生呢？在我国民间，人们经过长期的实践，积累了比较丰富的经验，一般可以通过以下方式来判断。

感知冷热：在下冰雹季节的早晨凉，湿度大，中午太阳辐射强烈，造成空气对流旺盛，就容易发展成积雨云，从而形成冰雹。所以农谚有“早晨凉飕飕，午后打破头”的说法。

辨别风向：下冰雹前常常会出现大风。所以农谚有“恶云见风长，冰雹随风落”的说法。此外，如果连续刮南风以后，风向转为西北或北风，风力加大时，则冰雹往往会同时出现。

观察云态：下冰雹前，一般空气对流都很旺盛，云块发展迅猛，好像浓烟般直往上冲，云层上下前后翻滚，这种云极易产生冰雹。所以，农谚说：“天黄闷热乌云翻，天河水吼防冰雹。”

第七章　生活中的地理知识

在我们的日常生活中，地理知识无处不在。人们的衣、食、住、行等各个方面，都与地理有关。如在炎热的阿拉伯地区，人们喜欢穿宽松的白色长袍；在寒冷的北极地区，因纽特人习惯穿厚厚的毛皮衣服；而在气温日较差很大的青藏高原，牧民们往往穿一个胳膊可以露出来的大袍子。总之，地理与人们的生活密切相关，学习和掌握地理知识，不仅可以拓宽视野，而且能有效应对生活中的许多困难，适应复杂多变的地理环境。

地球仪上的“网”

公元前 334 年春天，亚历山大大帝渡过赫勒斯滂海峡（即今达达尼尔海峡），远征东方的波斯帝国。亚历山大大帝随军带了一位地理学家尼尔库斯，让他沿途搜集地理资料，准备绘制一幅“世界地图”。在搜集资料的过程中，尼尔库斯发现了一个奇怪的现象，就是沿着亚历山大大帝东征的路线，由西向东，无论季节变换与日照时间长短都很相仿。这个现象引起了尼尔库斯的好奇，于是，他在地图上沿着东征路线画出了一条线，这条线从直布罗陀海峡起，沿着托鲁斯和喜马拉雅山山脉，一直到太平洋。尼尔库斯当时也许根本没有意识到，他画出的这条线是人类在地图上画出的第一条纬线。

到了公元 120 年，又出现了一位伟大的地理学家，叫克罗狄斯·托勒密。托勒密认为，绘制世界地图的时候，应以已知经纬度的定点作根据，并提出在地图上绘制经纬度线网的概念。为此，托勒密测量了地中海一带重要城市和观测点的经纬度。为使地球上的经纬线能在平面上描绘出来，他设法把经纬线绘成简单的扇形，从而绘制出一幅著名的“托勒密地图”。但是，由于当时的条件限制，这幅著名的地图不太准确。所以，15世纪的航海家亨利认为它并不实用。直到若干年后，一名法国制钟匠制造出了海上计时器，海上测定经度的问题才得到了初步解决。

随着地理学的发展，在现代的地球仪上，我们可以看到一条条纵横交错的线，这就是经纬线。连接南北两极的线，叫经线。所有的经线都是一系列大小相等的圆弧。经线指示南北方向，沿着经线走，即为正南或正北。同一条经线上的地方时、日期相同。两条正相对的经线组成一个经线圈，任何一个经线圈都能把地球平分为两个半球。

和经线相垂直的线，叫纬线。纬线是一条条长度不等的圆圈。纬线指示东西方向。所有的纬线都相互平行。纬线圈的大小不等，最长的纬线圈就是赤道。从赤道向两极，纬线圈逐渐缩小，到南、北两极缩小为一个点。有一首关于经纬线的小诗这样写道：“赤道略略鼓，两极稍稍扁。自西向东转，时间始变迁。南北为经线，相对成等圈。东西为纬线，形成平行圈。赤道为最长，两极化为点。”

在地图上，通过地球表面上的任何一个点，都能画出一条经线和一条与其相垂直的纬线。这样，地球上就能画出无数条经线和纬线来。为了区别这些经线和纬线，地理学家又提出了经度和纬度的概念。就是用经度表示各条经线的名称，用纬度表示各条纬线的名称。

国际上规定，把通过英国格林尼治天文台原址的那条经线，叫作0度经线，也叫本初子午线。从0度经线向东的经度叫东经，用字母“E”表示；向西的经度叫西经，用字母“W”表示。由于地球是个球体，所以东、西经各有180度。东经180度和西经180度是在同一条经线上，那就是180度经线。

最长的纬线圈——赤道，叫作 0 度纬线。从赤道向北的纬度叫北纬，用字母“N”表示；向南的纬度叫南纬，用字母“S”表示。南、北纬各有 90 度。北极是北纬 90 度，南极是南纬 90 度。

经线和纬线还可以把地球划分成几个不同的半球。如果把地球沿赤道切开，赤道以北的半球叫北半球，以南的半球叫南半球。如果沿西经 20 度和东经 160 度经线把地球切开，由西经 20 度向东到东经 160 度的半球叫东半球，以西的半球叫西半球。

有了经纬线和经纬度，地球上任意一个点的位置就可以确定了。地球上两个不同的地点，可以有相同的纬度或经度，但不可能经纬度都相同。因此地球上不同的地点就可以用不同的经纬度来表示。

地理小讲堂

地球每 24 小时自转 360 度，即每小时转过经度 15 度，每 4 分钟转过经度 1 度。这样在同一瞬间，经度不同的世界各地，时刻都不相同。这种因经度不同引起的时间差异，给人们的生活、交通和通信带来许多的不便。

为了解决这个问题，1884 年，科学家们经过反复研究和商讨，规定了划分时区的办法：以 0 度经线为中央经线，从西经 7.5 度到东经 7.5 度，划为中时区。在中时区以东，依次划分为东一区到东十二区；在中时区以西，依次划分为西一区到西十二区。东西十二区各跨 7.5 个经度，合为一个时区，180 度经线是东西十二区共有的中央经线。这样把全球按经线划分为 24 个时区，每个时区以其中央经线的地方时作为本时区共同使用的时刻（又称区时，也叫标准时）。

晏子巧戏楚王

战国时期，齐国的丞相晏子奉命出使楚国。晏子到了楚国的都城郢（今湖北江陵），楚王设酒宴招待晏子。喝得正高兴的时候，只见两个士卒绑着一人从宴席前经过，楚王故意问：“被绑何人，犯了什么罪？”

一个士卒回答说：“齐国人，犯了盗窃罪。”

楚王就问晏子：“齐国人有善于偷盗的本性吗？”

晏子不慌不忙回答说：“我听说，橘生淮南则为橘，生于淮北则为枳。橘子香甜可口，而枳子呢，酸苦涩嘴，橘和枳仅仅叶子看上去相似罢了，果实味道却大大不同。这是什么原因呢？就是气候的差异、水土不同造成的。我国的老百姓在齐国能安居乐业，不偷盗，现在到了楚国就会偷盗，难道是楚国的风土人情、社会风气使老百姓沦为强盗吗？”

楚王尴尬地笑着说：“不能随便戏弄聪明能干的人，瞧，我反而自讨没趣了。”

晏子说的那句俗语“橘生淮南则为橘，生于淮北则为枳”，实际上表明了我国的一个重要地理现象，就是秦岭、淮河南北的气候和水土差异很大。

秦岭—淮河一线，就是人们常说的中国南方地区和北方地区的地理分界线，此线南北两侧，无论是自然条件、农业生产方式，还是地理风貌以及人民的生活习俗，都有明显的不同。秦岭—淮河一线与我国800毫米年等降水量线、水田与旱地的分界线、一月份0℃等温线、亚热带与暖温带的分界线、湿润与半湿润的分界线、亚热带季风气候与温带季风气候的分界线以及河流结冰与不结冰的分界线基本一致。故事中的橘生长在南方地区，那里水热条件好，适合它的生长，果实就甘甜醇美。如果生长在北方地区，由于水热条件差，果实也就苦涩干酸。所以才有了那句俗语“橘生淮南则为橘，生于淮北则为枳”。

《三国演义》中有个广为流传的故事，叫“失街亭”，讲的是蜀汉丞相诸葛亮派大将马谡和王平去守街亭。马谡不听王平的劝告，坚持要把营寨驻扎到山顶，结果被曹军围困，山上断了水，连饭都做不成，时间一长，内部就开始乱起来。曹军看准时机，发起进攻，蜀军又饥又饿，无力抵挡，结果全军溃败，马谡只好自己杀出重围，落荒而逃。

其实，在山顶上扎营前，副将王平就提醒过马谡山上没水，不能安营扎寨。马谡为什么不肯接受呢？如果用秦岭—淮河这条分界线来解释，也许就不难理解了。马谡的老家在湖北，气候和蜀中虽有不同，但同样雨量丰沛。而街亭在今天的甘肃庄浪东南，气候干旱，年降水量只有400毫米，而仅一山之隔的汉中，降水量则在1000毫米以上。王平是从北方投降过去的将军，他当然知道这其中的差别。可是，对马谡来说，一直生活在雨量丰沛的南方，根本不了解西北的地理情况，当然不会知道山上缺水的问题了。所以，可以说，街亭失守，虽然有很多方面的原因，但主将不了解地理，不了解秦岭—淮河一线的南北差异也是重要原因。

广义上来讲，秦岭是横亘于中国中部的东西走向的巨大山脉，西起甘肃省临潭县北部的白石山，向东经天水南部的麦积山进入陕西。在陕西与河南交界处分为三支，北支为崤山，余脉沿黄河南岸向东延伸，通称邙山；中支为熊耳山；南支为伏牛山。山脉南部一小部分由陕西延伸至湖北省境内。秦岭山脉全长1600千米，南北宽数十千米至两三百千米，面积广大，气势磅礴。由于秦岭山势险峻，冬季能阻滞寒冷的西北风南下，使南方少受寒冻；夏季又阻拦了湿润的东南风，使水汽不易深入西北。这样就造成秦岭南北气候出现比较显著的差异。

秦岭东边有一条大河，叫淮河，全长1000多千米。淮河两岸的地形、气候的差异不如秦岭南北的差异那么明显，在很大程度上，淮河作为南北分界线被提出，主要是依据其地理分区的意义。

秦岭、淮河以北的大部分地区，冬季河湖结冰，大部分树木会落叶；以南地区，冬季河湖不结冰，大部分树木不落叶。从农业上来看，南北的差异就更明显：北方耕地为旱地，主要作物是小麦和杂粮，一年一熟或两年三熟；南方则主要是水田，农作物主要是水稻和甘蔗、茶叶等，一年两熟或三熟。因此，秦岭—淮河一线不仅是一条重要的自然地带界线，也是一条重要的农业区域界线。

地理小讲堂

秦岭—淮河一线南北人文地理方面有趣的差别：

1. 秦岭—淮河一线以南房屋的墙体较薄，屋顶坡度较大，以通风散热为主。私家园林建筑精致小巧，色彩淡雅。秦岭—淮河一线以北房屋墙体较厚，有宽敞的院落。皇家园林建筑以红黄为主色调，既显示出皇权的尊贵，又显得气势雄伟。

2. 秦岭—淮河一线以南运输方式主要是水路运输；秦岭—淮河一线以北运输方式主要是陆路运输。

3. 秦岭—淮河一线以南交通不便，使人们的交流受阻，所以方言较多。秦岭—淮河一线以北多地势平坦的高原和平原，交通联系方便，人们交往的机会多，因而语言差异不大。

4. 秦岭—淮河一线以南人体平均身高较矮，男子聪明智慧，善于经商；女子婀娜多姿，心灵手巧。秦岭—淮河一线以北人体平均身高较高，男子粗犷豪放，女子英姿飒爽。

5. 秦岭—淮河一线以南民族服饰以蓝、青等素淡颜色为主；秦岭—淮河一线以北民族服饰以红、白、黑、绿等艳丽颜色居多。

南多北少的中国人口

商朝时期，为了防御其他部落和自然灾害的侵袭，华夏的先祖们曾几次迁都，最后在河南安阳附近安定下来。因此，那个时候的人口分布，主要在黄河中下游地区，这种状况一直持续到西汉末年。

西汉后期，战争连年不断，社会急剧动荡，部分北方人为躲避战乱，纷纷南迁，致使黄河流域的人口由占全国 80％下降到了 60％，形成了中国历史上的第一次人口大迁移。

到了唐代，由于“安史之乱”和藩镇割据，中原地区连年战乱，人烟变得稀少。与此同时，长江以南的经济却相对繁荣，人们的生活也较为安定。因此，那个时期，中国首次出现了南方人口超过北方人口的现象。

北宋末年，金人屡次南下侵扰，加上严重的自然灾害，使北方的社会经济遭受了严重破坏，人口大量死亡。大批难民向长江流域一带逃

亡,形成了历史上的第二次人口大迁移。

清代以后,随着西方资本主义的入侵,以及民国以后的政治中心南移,人口进一步相对集中到南方,这样就形成了今天这样一个南多北少的人口布局。

可见,人口分布是受自然、社会、经济和政治等多种因素作用的结果。

世界人口的分布很不均匀,人口主要集中在北半球,北半球居住着地球上90%的人口,而南半球只有10%的人口。目前地球上只占陆地面积7%的地区,却居住着全球70%的人口;全球90%以上的人口集中在不到10%的陆地上;而大陆上有35%～40%的土地基本上无人居住。按纬度地带来说,世界人口主要分布在南北纬20～60度的范围内,低纬度地带除局部地区外人口偏少,高纬度地带人口更为稀少。

就区域而言,各大洲和各国之间的人口分布也是不平衡的。亚洲东南半壁、欧洲以及北美洲东部是世界三大人口稠密区,其人口数占世界人口总数的70%左右。其余地区,除规模较小的密集区外,大多为人口稀疏区。按距海远近来说,全世界有过半数的人口居住在离海岸线200千米以内的地带,大陆腹地多为人烟稀少的区域。

人口分布常用人口密度这一概念来表示。人口密度虽然清楚地表明了单位面积的人口数,但是并未考虑土地的质量与土地生产情况。以我国来说,江苏省的人口密度最大,每平方千米700多人,而西藏自治区的人口密度最小,每平方千米仅有2人。仅从数字上看,西藏人口稀少,江苏人口过密,因此人们会认为西藏土地还能供养更多的人口。事实并非如此,西藏地区是海拔平均4000米的高原和山地,只有狭窄的南部河谷地区可以耕种。而且,高原上的草场,由于天气干燥寒冷,产草量也很低,因此,能够蓄养的牲畜也有限。相反,江苏位于长江入海处，有大片的长江三角洲平原，有效的耕地面积远远超过西藏，所以实际可以供养的人口要远远超过西藏。

一般来说，人口密度大的地区都是自然条件优越、资源丰富、历史悠久、经济发达的地区；而人口稀少的地区主要是自然环境恶劣、资源尚未开发、经济欠发达的地区。因此，人口学家主张，协调人口与资源的供需比例，是维持生态系统平衡的有利措施。

地理小讲堂

中国人口分布特点：

1. 中国人口绝大多数集中在东南部地区，从东南沿海向西北内陆，人口逐渐减少。如果自黑龙江省的黑河市至云南省的腾冲县画一条直线，此线以东的面积约占全国的43%，人口占全国的九成多；此线以西的面积约占全国的57%，人口却不足全国的一成。

2. 中国人口分布除了在水平方向上极不均衡外，在垂直方向上也极不平衡。中国平原地区人口密度大，随着地势增高，到了山区，人口密度逐渐减小。

五颜六色话人种

众所周知，全世界有黄色人种、黑色人种、白色人种和混血人种四大人种。然而，随着时间的推移，人们在地球上的视野和活动范围逐渐扩大，发现在地球上还有另外一些奇异人种，比如在非洲发现的绿色人种，全身的颜色像草一样翠绿，就连血液也是绿色的。该人种只有3000多人，至今还过着穴居生活。在撒哈拉沙漠中，有人数很少的蓝色人种，因为他们不和其他人接触，所以至今人们还不了解他们的生活习性和人口数量。更为奇怪的是，在津巴布韦东北部边界和赞比亚西部地带，还生活着一个种族，叫马德族，这个种族的人只有两个脚趾，其脚细而长，被称为“鸵鸟人”。而在我国西藏和印度阿萨密之间，还有个阿拉伯尼坦斯人种，这个种族的人到现在还拖着一条没有完全退化的尾巴。地球上是否有更多的人种，有待于人们再去探索发现。

人种是世界人类种族的简称，同一人种，一般共同生活在一定的区域内，体质上具有某些共同遗传性状。在生物学上，人类各种族同属于一个物种，即智人。不同的种族相当于在一个物种下的若干变种。不同的人种虽然在肤色、眼色、发色、头型、身高等特征上有所区别，但这些特征差异是由于在一定地域内长期适应当地自然环境又经长期隔离所形成的。

最早的人种分类，出现在3000多年前古埃及第十八王朝西替一世坟墓的壁画中，它以不同的颜色区分人类：第一，将埃及人涂成赤色；第二，将亚洲人涂成黄色；第三，将南方尼格罗人涂成黑色；第四，将西方人及北方人涂成白色。

1758年，瑞典科学家林奈将世界人种划分为三种，即野蛮种、怪物种和理智种，进而又把理智种划分为欧洲白种人、亚洲黄种人、非洲黑种人和美洲红种人四大种族。

被誉为“西方人类学鼻祖”的德国格丁根大学教授布鲁门马赫，是第一个用科学方法把人进行分类的，他根据肤色、发色和发型、眼色、身高、头型等体质特征以及原住地，把人类划分为五大人种。

高加索人种（白种人）：皮肤是白色，头发是栗色，头部几成球形，面呈卵形而垂直，鼻子狭细。此人种包括欧洲和西亚、北非的居民，但芬兰人、拉普兰人等除外。

蒙古人种（黄种人）：皮肤是黄色，头发黑而直，头部几成方形，面部扁平，鼻小，颧骨隆起，眼睑狭细。此人种包括西亚以外的亚洲人和北部的因纽特人、拉普兰人和芬兰人，但不包括马来人。

非洲人种（黑种人）：皮肤黑色，头发黑而弯曲，头部狭长，颧骨突起，眼球突出，鼻厚大，口唇胀厚，多数人有八字脚。除北部非洲人外，其他非洲人都属于这一人种。

美洲人种（红种人）：皮肤铜色，头发黑而直，眼球陷入，鼻高而宽，颧骨突出。除因纽特人外，其他美洲原住民都属于这一人种。其实，美洲的红种人并不存在，印第安人是黄色人种的一大分支，由于他们崇敬红色，常用红颜料涂脸，才被误认为红种人。

马来人种(棕种人)：皮肤黄褐色，头发黑，头部中等狭细，鼻阔、口大。太平洋诸岛和马来半岛居民属于这一人种。

随着人类历史的发展，人类控制自然能力的增强，各人种间不断融合，人种之间的隔阂也将逐渐减少。

地理小讲堂

黑种人起源于阳光辐射较强的热带赤道地区，长期居住在此地的人群，经长期自然选择，逐渐形成一系列适应性特征：皮肤内黑色素含量高，以吸收阳光中的紫外线，保护皮肤内部结构免遭损害；体表汗腺密度大，以便在极度炎热时能维持或迅速恢复正常体温；鼻低宽，鼻孔通道短，嘴唇厚，嘴裂大，体毛少，便于散热；头发像羊毛一样卷曲，每根卷发周围都有许多空隙，空隙里面充满空气，而空气传热性差，因此，卷发有隔热的作用，可以保护头部不受伤害。

白种人起源于寒冷地区，该地区阳光斜射，光线较弱，紫外线也弱。因此当地居民体内黑色素含量低；身体较粗壮高大，以减少热量散失；鼻子高窄，鼻孔通道较长，以预热吸进的冷空气；体表毛发稠密，以防寒冷等。

黄种人起源于温带地区，其肤色和身体特征的适应性具有黑白两色人种的过渡性。

人民币上的名山大川

在西藏拉萨河谷中心海拔3700米的红色山峰之上，有一座美丽的宫殿。它始建于公元7世纪的唐朝，至今已有1300多年的历史了。这座宫殿规模庞大，巍峨壮观，全部为石木结构。五座闪闪发光的宫顶耸起，屋面覆盖着镏金铜瓦，辉煌无比，这就是被誉为“高原圣殿”的布达拉宫。

布达拉宫最初是松赞干布为迎娶文成公主而兴建的，17世纪重建后，布达拉宫成为历代达赖喇嘛的冬宫居所，也是西藏政教合一的统治中心。布达拉宫中还收藏了无数的珍宝，堪称一座艺术殿堂。

有趣的是，如果你从钱包抽出一张50元的人民币，仔细观察一下，就会发现，背面的图案就是布达拉宫。

钱币被称为“国家名片”，人民币则是中国的名片。目前人民币一共发行了五套，第四、第五套人民币不但印刷精美、防伪性高，而且其主景图案中的自然、人文景观包含着丰富的地理知识。

第四套人民币1元背面：八达岭长城。

八达岭长城史称天下九塞之一，是万里长城的精华和杰出代表，也是万里长城最早向游人开放的地段。八达岭地理环境优越，自古以来就是通往山西、内蒙古、张家口的交通要道。

第四套人民币 2 元背面：南天一柱。

南天一柱位于海南“天涯海角”景区。钱币上的图案做了艺术处理——让巨石屹立在大浪之中，显得雄浑壮观，实际上这块石头的位置是在沙滩上。

第四套人民币 5 元背面：巫峡。

巫峡自巫山县城东大宁河起，至巴东县官渡口止，全长 46 千米，有大峡之称，以幽深秀丽擅奇于天下。巫峡是三峡中最连贯、最整齐的峡谷。

第四套人民币 10 元背面：珠穆朗玛峰。

珠穆朗玛峰位于我国和尼泊尔交界的地方，从我国境内眺望珠峰，它很像一座金字塔。这张钱币整体色调以蓝色为主，很符合珠峰寒冷的气候特征。

第四套人民币 50 元背面：黄河壶口瀑布。

壶口瀑布是黄河流域的一大奇观，它是中国第二大瀑布。壶口位于陕西省宜川县与山西省吉县交界处。

第四套人民币 100 元背面：井冈山。

井冈山位于江西省西南部，地处湘、赣两省交界的罗霄山脉的中段，古有“郴衡湘赣之交，千里罗霄之腹”之称。1927 年，中国共产党在井冈山创建了中国第一个农村革命根据地。

第五套人民币 1 元背面：三潭印月。

三潭印月是杭州西湖十景之一，位于西湖中部偏南，与湖心亭、阮公墩鼎足而立，合称“湖中三岛”，犹如我国古代传说中的蓬莱三岛，所以又称“小瀛洲”。

第五套人民币5元背面：泰山观日峰。

泰山被认为是中国文化的第一高山，虽然它的海拔只有1546米，但在中国有着极崇高的地位，它是古代帝王祭祀天地的地方，他们在这里向世人宣布自己的皇权是顺应天道的。

第五套人民币10元背面：夔门。

夔门位于瞿塘峡的入口处，是长江三峡的西大门，又名“瞿塘关”，在巍峨壮丽的白帝城下，是出入四川盆地的门户。

第五套人民币20元背面：桂林山水。

桂林是世界著名的风景旅游城市，漓江水清澈秀丽，有着举世无双的喀斯特地貌。“山青、水秀、洞奇、石美”是桂林的“四绝”。

第五套人民币50元背面：布达拉宫。

布达拉宫是唐朝文成公主远嫁西藏时，藏王松赞干布为她建造的。在拉萨海拔3700多米的红山上，松赞干布为文成公主建造了有999间房屋的巍峨宫殿。

地理小讲堂

中国人民银行1980年发行的人民币，1角至10元的正面都是两个少数民族人物像。

1角：左侧为高山族，右侧为满族。高山族人主要分布在台湾、福建；满族主要分布在黑龙江、吉林、辽宁、河北、北京。

2角：左侧为布依族，右侧为朝鲜族。布依族主要分布在贵州；朝鲜族主要分布在黑龙江、吉林、辽宁。

5角：左侧为苗族，右侧为壮族。苗族主要分布在贵州、云南、湖南、广西、四川；壮族主要分布在广西、云南。

1元：左侧为瑶族，右侧为侗族。瑶族主要分布在湖南、广西；侗族主要分布在贵州、湖南、广西。

2元：左侧为彝族，右侧为维吾尔族。彝族主要分布在四川、云南；维吾尔族主要分布在新疆、湖南。

5元：左侧为回族，右侧为藏族。回族主要分布在宁夏、甘肃、河南、新疆、青海、云南、河北、辽宁、北京、内蒙古、天津、陕西；藏族主要分布在西藏、四川、青海、甘肃、云南。

10元：左侧为蒙古族，右侧为汉族。蒙古族主要分布在内蒙古、新疆、吉林、黑龙江、青海。

沈括上山看桃花

北宋科学家沈括少年读书时，曾经读过白居易的一首诗《大林寺桃花》。诗的开头两句是“人间四月芳菲尽，山寺桃花始盛开”。沈括左思右想不明白：“为什么我们这里花都开败了，山上的桃花才开始盛开呢？”为了解开这个谜团，沈括约了几个小朋友上山实地考察去了。一到山上才发现，大林寺原来在地势较高的地方，气候非常寒冷，四月的山上，乍暖还寒，凉风袭来，冻得人瑟瑟发抖。沈括茅塞顿开，原来山上的温度比山下要低很多，因此桃花才开得比山下晚。

古诗词是我国文学史上光辉灿烂的明珠，千百年来一直为人们所传诵。在我国浩瀚的诗词海洋里，有许多描述诸如气候、地形、水文等有关地理知识的诗句。“人间四月芳菲尽，山寺桃花始盛开”就是描写了山地气候与平原气候的差异，反映了气温垂直分布的特点，正是气温随地势的上升而降低的特点，造成了山上桃花比山下桃花开得晚的现象。

古诗词中描写气候的诗句很多。如“忽如一夜春风来，千树万树梨花开”，反映了冷锋过境时，先刮风后降水的天气变化；“东边日出西边雨，道是无晴却有晴”，是对流雨的极好写照，从诗句中，我们可以看出对流雨降水强度大、范围小、历时短的特点，同时也反映出在同一时刻，离得很近的两个位置也有不同的天气状况；“二月江南花满枝，他乡寒食远堪悲”，是说我国南方地区和北方地区气候差异大，二月时，江南已经枝头开满鲜花，而其他地方仍然十分寒冷；“好雨知时节，当春乃发生”，是说我国春季普遍存在着气温回升快，降水少的情况；“君问归期未有期，巴山夜雨涨秋池”，是说四川巴山地区因受地形的影响，常常会在夜里下雨；俗语“早穿皮袄午穿纱，围着火炉吃西瓜”，是我国新疆一带，温带大陆性气候早晚温差大的真实写照。

我国地域辽阔，地貌类型多样，其成因各有不同。有风化、侵蚀、搬运、沉积等外力作用，也有地壳运动等内力作用。这在我国古诗词中也有相关描述。如“两岸青山相对出，孤帆一片日边来”，是说流水侵蚀地貌，即在地壳抬升的情况下流水深切河谷，才使得“两岸青山相对出”；“蜀道难，难于上青天”“尔来四万八千岁，不与秦塞通人烟”，是说蜀道崎岖难行，四川盆地自古就很闭塞；“横看成岭侧成峰，远近高低各不同”，描写了庐山的雄奇秀丽；“岱宗夫如何？齐鲁青未了”，说明泰山是齐鲁大地上最高的山；“君不见黄河之水天上来，奔流到海不复回”，是说黄河的发源地地势十分高，既说明了黄河的流向，也揭示了我国地势西高东低的特点。

关于水能资源的形成条件，也有很多相关的诗句。如李白的“飞流直下三千尺，疑是银河落九天”，既是对庐山瀑布的描绘，我们又可从中理解到瀑布蕴藏着巨大的水能资源，正有待我们去开发利用。“朝辞白帝彩云间，千里江陵一日还。两岸猿声啼不住，轻舟已过万重山”，既描述了长江流经三峡时一泻千里的气势，又反映出三峡落差大，水能资源集中丰富的特点。“海潮随月生，江水应春生”“八月十八潮，壮观天下无”“尽岸愁倾覆，轻船故溯洄”等诗句，展现了钱塘潮汹涌澎湃的磅礴气势，潮汐最壮观的时间及潮汐形成的天文因素，同时也暗含潮汐能量巨大，可以开发利用，使其造福人类之意。

古诗词中表现气候、地形、水文、月相、人文等有关地理知识的诗句很多，另外，还有描写植被、物产、田园风光的诗句。善于发现，善于思考，将古诗词与地理知识结合起来，既学习了古代文化，又加深了对地理知识的理解，还提高了自己的古诗词鉴赏能力，可谓一举多得。

地理小讲堂

在我国古诗词中，有很多是对自然地理方面的描写，还有一些反映了人类活动与地理环境的关系。比如以下这些诗句：

“山上层层桃李花，云间烟火是人家。银钏金钗来负水，长刀短笠去烧畬。”这首诗反映了男人烧山种地，女人下山背水的生活情景。说明了烧山种地这种原始耕作方式，破坏森林，造成山上水源枯竭，人们陷入对环境破坏的恶性循环之中。

“城中十万户，此地两三家”，反映了城市中人口稠密，农村人口稀少的城乡差别。

“郡城南下不通津，异服殊音不可亲”，反映出少数民族的地区分布特点，及封建时代汉人对少数民族的歧视态度。

“居延城外猎天骄，白草连天野火烧。暮云空碛时驱马，秋日平原好射雕。”这首诗描述了将士在塞外狩猎，烧起漫天野火，惊起草中的动物，而后骑马射猎的情景，说明人们对野生动物的大肆捕杀，同时焚烧草场，破坏了草原生态系统。

“落红不是无情物，化作春泥更护花”，说明了生态系统中物质的循环规律，人类应懂得这种规律，重视对生态环境的保护。

后 记

所有的孩子都喜欢故事。在我们的生活中，故事无所不在，这些引人入胜的故事，有可能是真实的，也可能是虚构的。但是，孩子们在听故事的同时，也许并没有想到这些故事中还隐藏着丰富的知识。

为了让孩子们在读故事的同时又学到知识、增长本领，我们在安徽教育出版社的支持下，编撰了这套丛书。本系列图书符合青少年的认知特点，通过一系列五彩斑斓的故事，引出一个个知识点，寓教于乐，开启智慧，能有效地拓宽青少年的知识面，是开启青少年智慧大门的一把钥匙。

本书的编者力求文笔生动有趣，符合青少年的阅读口味。同时，每本书都配以插图，与文字相辅相成，图文并茂。

借此机会，向为此书的编写工作做出贡献的彭书平、吴卉、彭月兰、王丹、刘杰、赵龙、吴震宇、张竞文等人表示感谢。

作者